D1691215

THAILANDE

© HOA-QUI Éditions
145, rue Saint-Dominique — 75007 Paris — France — 1989
© Éditions Xavier RICHER
1, quai aux Fleurs — 75004 Paris — France — 1989

Texte : Christine ROUTIER le DIRAISON
Carte page 12 : Dominique PARIS
Maquette : Françoise TURK

Photographies : Patrick DE WILDE qui remercie ses amis photographes pour la collaboration qu'ils lui ont apportée, et en particulier :

Agence HOA-QUI : C. VAISSE, p. 15 (h), 26 (hd). E. VALENTIN, p. 27 (hg), 33, 48 (h), 88/89, 115, 119 (2), 120/121. M. RENAUDEAU, p. 26 (md), 83/83, 87. M. TRONCY, p. 37 (2).

Agence MAGNUM : B. BARBEY, p. 17. H. GRUYAERT, p. 24/25. M. RIBOUD, p. 54 (h). ABBAS, p. 47, 114 (h).

Agence RAPHO : LAUNOIS, p. 14, 18/19. P. KOCH, p. 20 (h). M. YAMASHITA, p. 21, 38 (b). A. DIAZ, p. 22 (h). N. WEELER, p. 42. HERMANN, p. 116, 122, 123.

Agence TOP : M. FRAUDREAU, p. 44/45. R. MAZIN, p. 78/79, 84/85. TIXADOR, P. 103.

Agence FOTOGRAM-STONE : p. 15 (b), 76, 96. H. KAYANAGH, p. 108. N. MACKENZIE, p. 112. KUSKAS, p. 118.

P. FRILET : p. 22 (b), 59, 66. M. MACINTYRE (ANA) p. 23 (b).

Achevé d'imprimer sur les presses de MÂCON-IMPRIMERIE
Dépôt légal : Mai 1989
ISBN : 2 901 151-35-3
Printed in France

THAILANDE

Patrick DE WILDE
Christine ROUTIER LE DIRAISON

Richer / Hoa-Qui
Vilo Paris

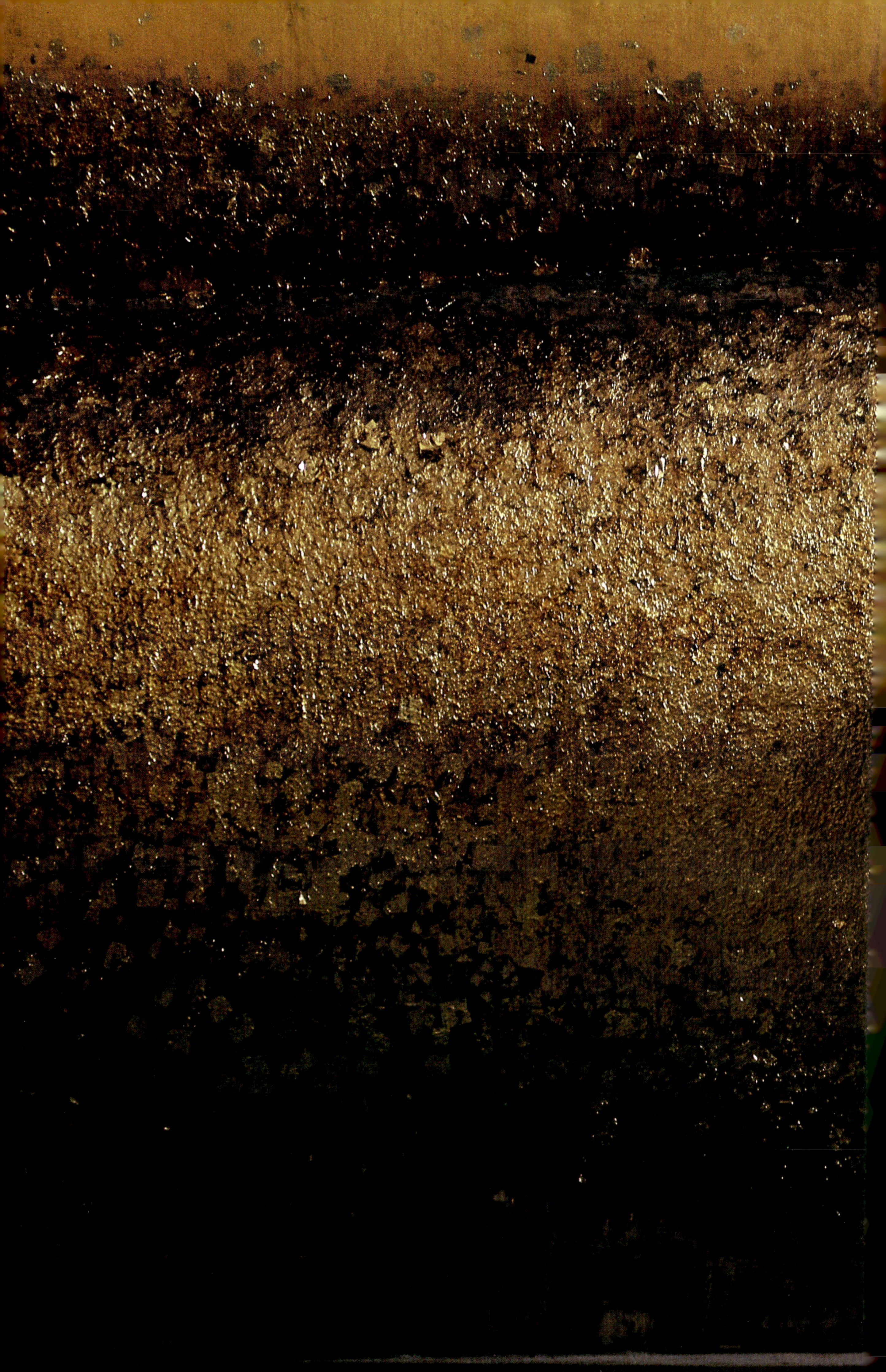

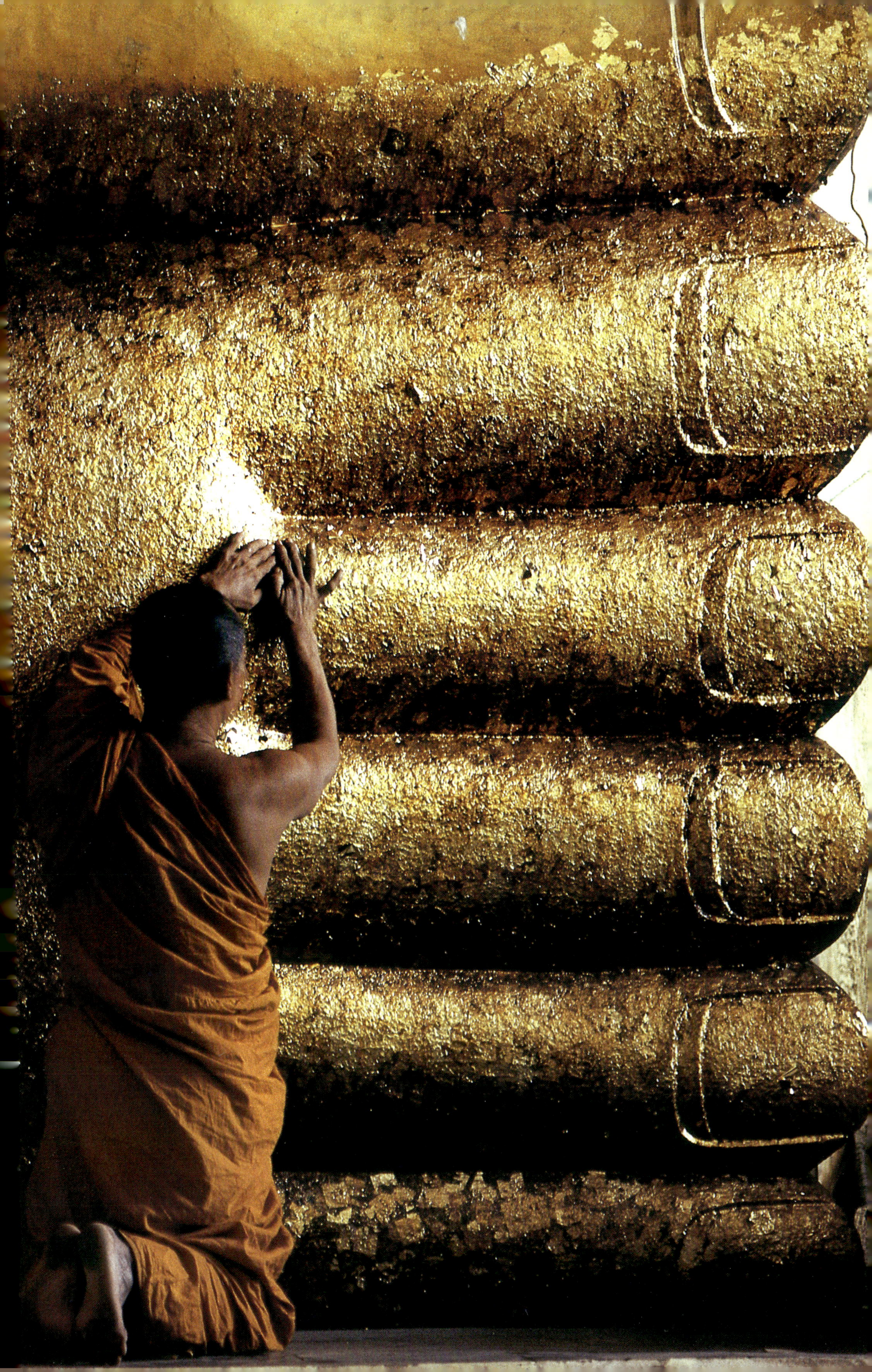

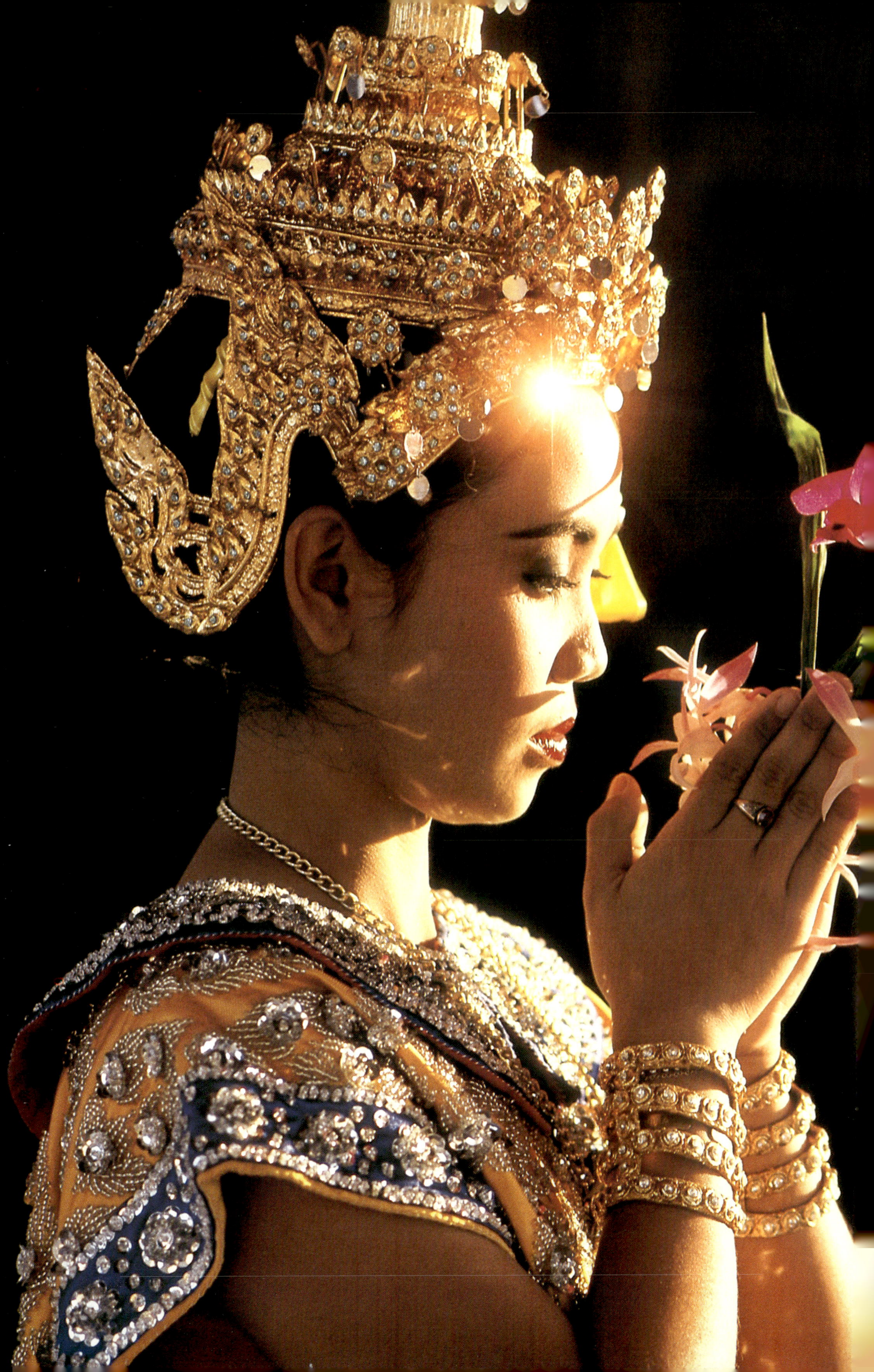

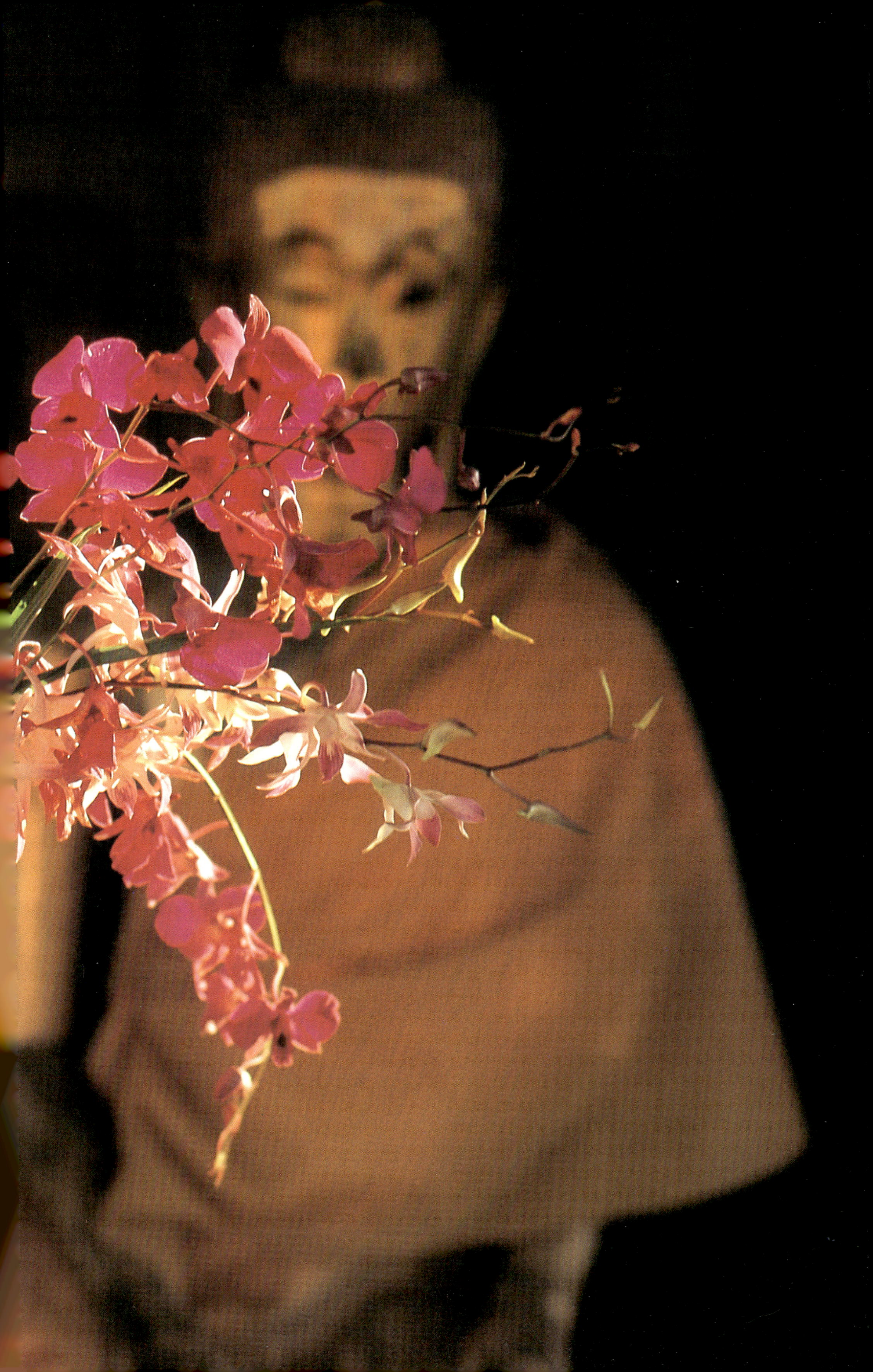

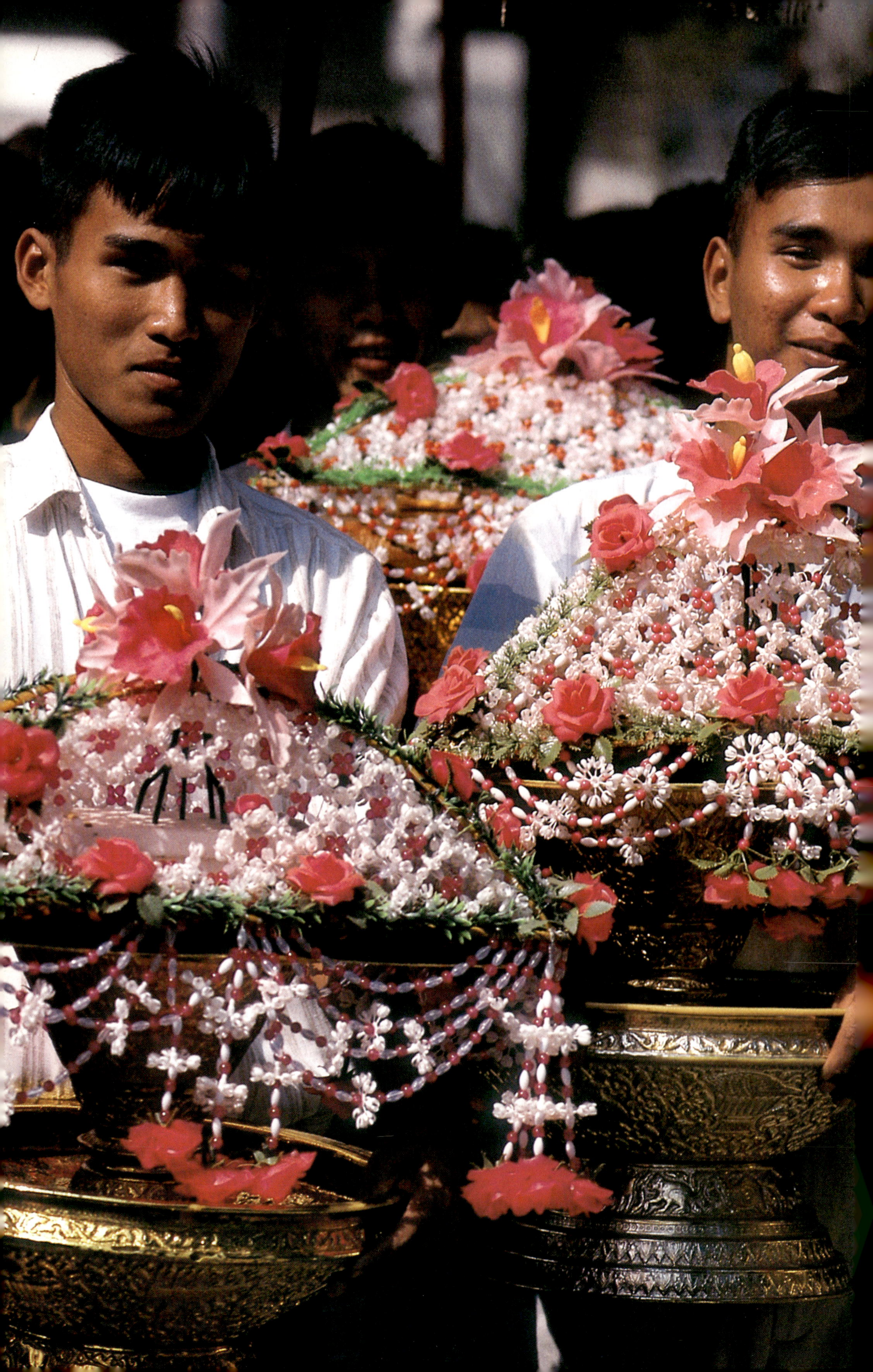

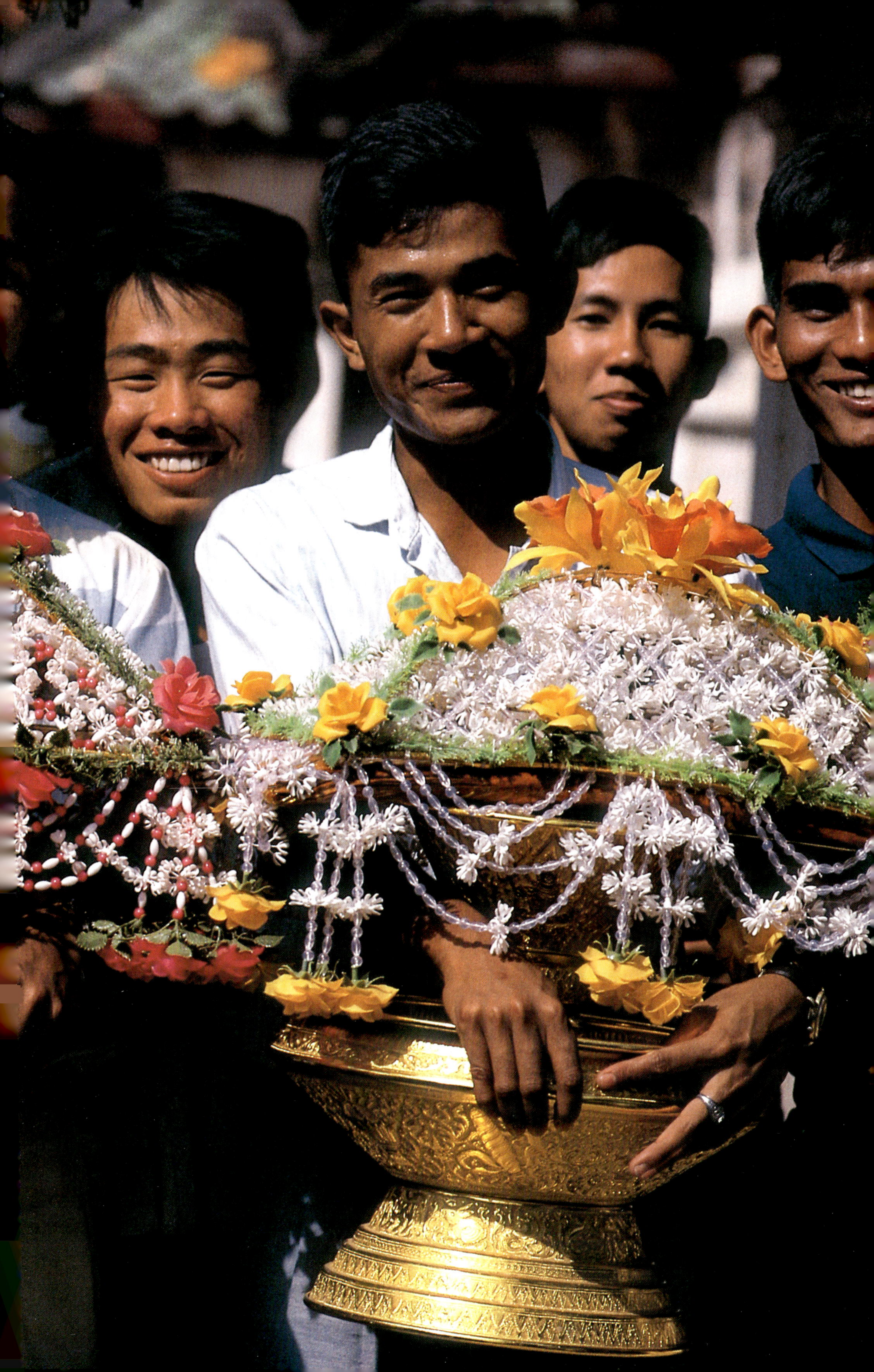

Le coup du charme

L'esprit et la grâce. En Thaïlande, la plupart des jeunes garçons passent au moins quelques semaines de leur vie dans un monastère. Toutes les petites filles apprennent l'art de la danse, aussi naturellement qu'à écrire et à compter. C'est peut-être la clé de la singularité de ce royaume, pays charmant, enchanteur, qui laisse à chacun un arrière-goût de bonheur.

La Thaïlande est un pays libre, littéralement "le Pays des Hommes Libres". Nulle puissance étrangère n'a pu lui imposer d'autre loi que la sienne au cours de son histoire. Fière sans arrogance, dévote sans bigoterie, tolérante sans laxisme, c'est le pays de la mesure.

"Attendons. Il s'agit désormais de vivre sans ardeur". Paul Morand n'a pas encore posé le pied sur le sol siamois. Du pont de son bateau, Bangkok apparaît comme une ligne sombre sans relief, "sous le poids d'un calme humide qui ne cédera la place à aucune fraîcheur". Son instinct de voyageur ne le trompe pas. En ce début de XXe siècle, la patience est encore une vertu.

Le paysan attend que pousse le riz, le pêcheur attend que morde le poisson, le bonze attend que l'habitent la sagesse et les détachements des biens de ce monde : l'éternité, c'est pour aujourd'hui. Demain, on avisera.

Cette sérénité, qui confine parfois à l'indolence, est le premier choc pour les occidentaux qui, même en vacances, réclament un emploi du temps minuté qui affiche complet. Un train en retard, c'est le désastre, un rendez-vous manqué, c'est la catastrophe, une météo capricieuse, c'est la calamité. Autant d'énigmes pour les Thaïlandais qui ont, une fois pour toutes, décidé de prendre la vie du bon côté.

Pour eux, la vie est divisée en circonstances "sanuk" (agréables, distrayantes) et "maï sanuk" (pas drôles). La même distinction s'applique aux humains, étant entendu qu'il est extrêmement fâcheux d'être classé parmi les individus maï sanuk. Le but essentiel de l'existence consiste à éviter le maï sanuk et, si ce n'est pas possible, à le transformer en sanuk. Elémentaire.

Au titre des plaisirs de la vie, on cultive la beauté éphémère : colliers de fleurs odorantes enfilées patiemment pour offrir au Bouddha ou charmer un automobiliste, pyramides de fruits défiant l'équilibre, desserts empaquetés de feuilles de bananier tressées, légumes sculptés comme dans un bois précieux, statues de glace pour embellir la table d'une réception... Paradoxale interprétation du Bouddhisme qui préconise le détachement des biens terrestres, la matière se trouve sans cesse magnifiée par l'esprit.

L'élégance du geste fait aussi partie de l'art de vivre. Deux Thaïs qui se rencontrent se saluent gracieusement du "waï", mains jointes élevées à la hauteur du visage, accompagnées parfois chez la femme d'une légère révérence. Les attouchements en public ne sont pas de mise. Le respect de l'autre passe par le respect de son corps. Ainsi, toucher la tête de quelqu'un est considéré comme un signe de mépris, la tête étant tenue pour la partie la plus noble du corps.

Corollairement, les pieds sont suspects de souillures et il

Pages 4-5 : Petit à petit, la matière brute du grand Bouddha couché se change en métal précieux. Bonzes et fidèles appliquent inlassablement des feuilles d'or d'une extrême finesse qui leur vaudront des mérites dans une vie future.

Pages 6-7 : La dévotion est inséparable de la beauté. Le Bouddha se repaît d'orchidées rares, de lotus aux pétales savamment repliés, d'or chatoyant et de parfums subtils, offerts dans la grâce et le recueillement.

Pages 8-9 : L'art de la beauté éphémère trouve son achèvement dans les fêtes. Ces exquises compositions ont été réalisées pour le temple, à l'occasion de l'ordination d'un bonze.

Ci-contre : Les kinaris, créatures mythologiques mi-femmes, mi-oiseaux, veillent sur le temple du Bouddha d'Émeraude, danseuses immobiles figées dans un waï gracieux.

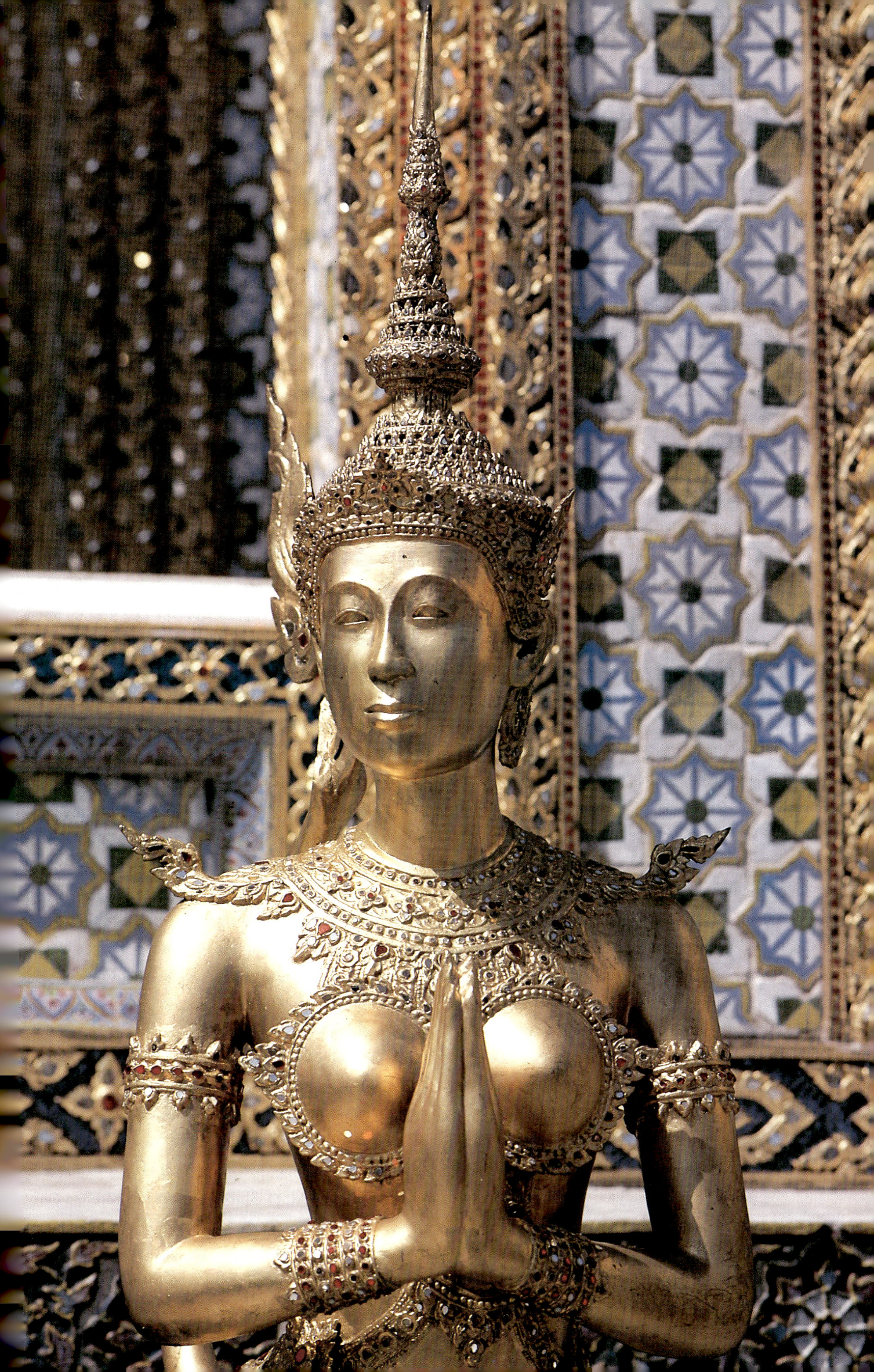

Carte de la Thaïlande

Pays voisins : BIRMANIE, LAOS, VIET-NAM, CAMBODGE, MALAISIE

Mers et océans : Golfe du Bengale, Océan Indien, Golfe de Siam, Mer de Chine

Autres : Archipel Mergui, Isthme de Kra, Mekong

Villes de Thaïlande

- Chiang Rai
- Chiang Mai
- Lampang
- Sukhothai
- Nakhon Sawan
- Ayuttaya
- Nakhon Pathom
- BANGKOK
- Pattaya
- Sattahip
- Prachuap Khiri Khan
- Chumphon
- Ranong
- Surat Thani
- Phuket
- Krabi
- Nakhon Si Thammarat
- Songkhla
- Yala
- Narathiwat
- Udon Thani
- Khon Kaen
- Kalasin
- Nakhon Ratchasima
- Surin
- Ubon Ratchathani

Villes voisines

- Luang-Prabang
- Vientiane
- Thakhek
- Phnom Penh

est grossier de croiser les jambes devant quelqu'un en pointant le pied dans sa direction. Dans les temples ou à la maison, les Thaïs sont toujours assis légèrement de biais, les pieds ramenés vers l'arrière. On retire systématiquement ses sandales ou ses chaussures pour pénétrer dans un wat ou dans une demeure thaïlandaise.

Loin d'être pesante, la tradition préserve la sécurité personnelle de tous. La famille agrandie garde droit de cité. On héberge, sous le même toit, parents, enfants, grands-parents, oncles ou cousins, au gré des fortunes de chacun. Personne n'est vraiment seul et, même éloigné de son village d'origine, sait se reconstituer une famille avec ses amis qu'il nommera "père", "frère" ou "sœur", selon l'âge ou le degré de respect qu'il leur porte. En Thaïlande, on peut aussi vieillir sans angoisse : les enfants n'ont ni la mémoire courte, ni le cœur à l'étroit et savent boucler le cycle de la vie en prenant, le moment venu, leurs parents en charge. Elégance, encore.

Père entre tous les pères, le Roi fait l'objet d'une dévotion unanime. Neuvième de la dynastie Chakri, Bumibhol Adulyadej reste le garant de la stabilitié politique d'un régime de monarchie constitutionnelle qui a traversé tous les orages depuis 1932. Son épouse, la reine Sirikit, allie la beauté à la générosité. Aux fastes de la cour, au pesant protocole, répondent la simplicité et la rigueur d'un monarque ancré dans les réalités d'un pays dont les mutations s'accélèrent.

A l'heure actuelle, 60% de la population a moins de 20 ans. Les sages écoliers en short bleu et chemisette blanche sirotent du Coca et regardent à la télé les mêmes séries nippones et américaines que leurs contemporains d'Occident. Les aînés enfourchent leur moto en jeans pour aller s'étourdir de musique disco. Et pourtant, le jour venu, ils revêtiront la toge safran, comme l'ont fait leur père et leurs grands-pères, pour se retirer quelques semaines ou quelques mois au monastère. Nul ne s'étonne que les plus grandes sommités universitaires aient cautionné l'édification d'une maison d'esprits dans l'enceinte de l'Université de Chieng Maï pour plaire aux "forces bénéfiques".

Vains paradoxes pour un pays qui a déjà, depuis bien longtemps (plus de 500 ans), célébré l'an 2000. Car la Thaïlande vit au rythme du calendrier bouddhique, signe de son allégeance à des valeurs inébranlables. La plupart des fêtes sont d'inspiration religieuse ou agricole. On célèbre les grandes étapes de la vie de Bouddha : naissance, illumination, premier sermon... Le cycle du riz est jalonné de réjouissances : foires paysannes, jeux, combats de coqs, musique et danses. Les changements de saison et de lune entretiennent aussi le goût du sanuk.

Pour célébrer le Nouvel An Thaï (autour d'avril, selon le calendrier lunaire), la coutume est d'asperger d'eau tous les passants qui vous tombent sous la main. Les statues et les bonzes y ont aussi leur part, rite de purification oblige ! Rien ne sert de raser les murs : il y a toujours un seau d'eau qui vous guette, avec les meilleures intentions du monde...

En octobre-novembre, Loy Krathong, fête des lumières fait régner une atmosphère féérique sur tout le pays : des milliers de menues embarcations en feuilles de bananier, décorées de fleurs, d'encens parfumé et de bougies, sont lancées sur les eaux des rivières et des klongs. Gracieux remerciements à la déesse de l'eau, source de vie et de félicité au royaume du million de rizières.

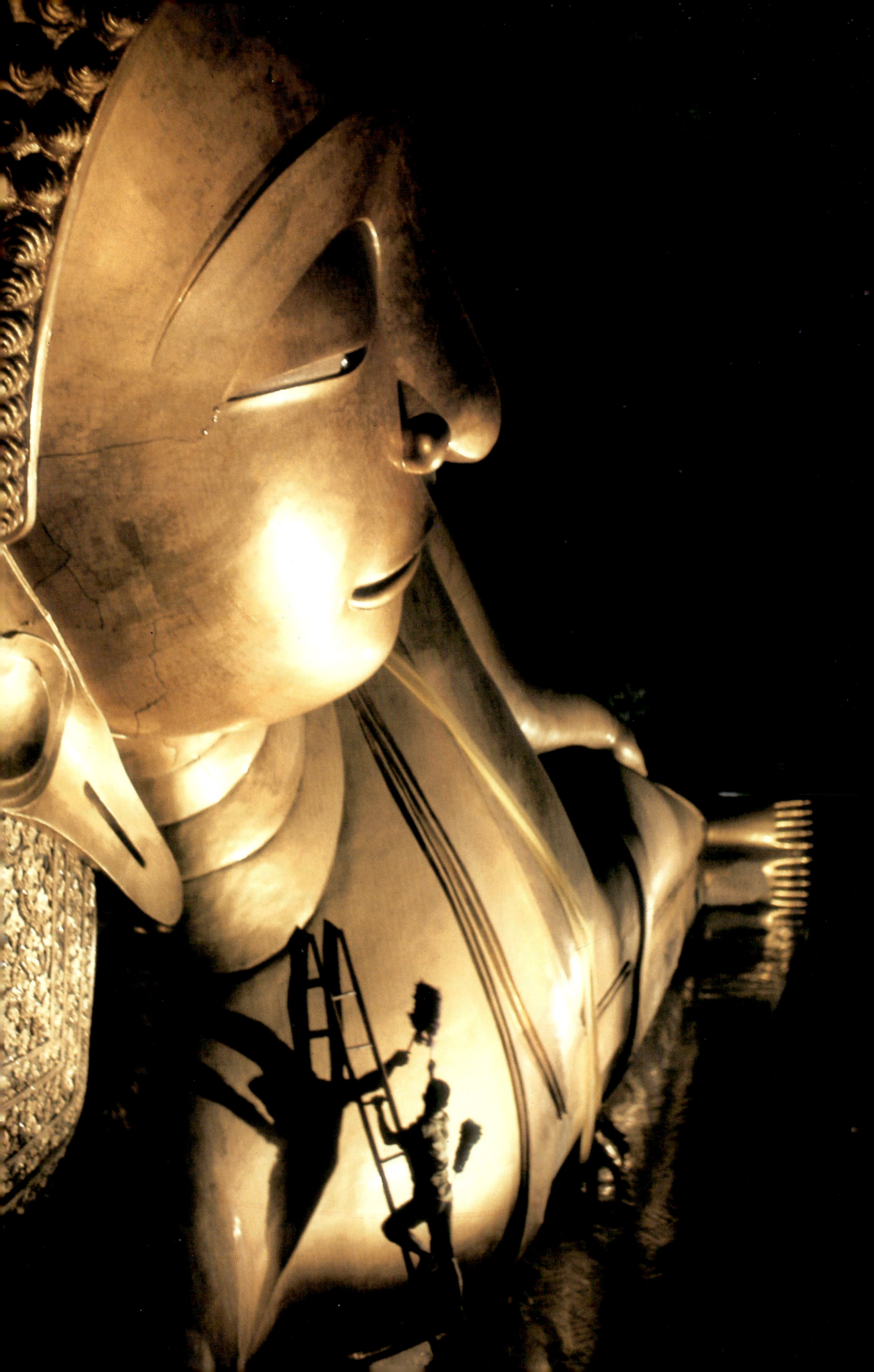

Bangkok choc

Les éléphants ne reviendront plus. Voilà déjà deux siècles qu'ils ont abandonné Bangkok, tels les rats fuyant le navire. La place est libre, si l'on peut dire : 700 000 voitures, 530 000 motos, 130 000 camions, 4 500 autobus et 7 400 tuk-tuks (tricycles motorisés) occupent le terrain. Bangkok choc n'a pas son métro et c'est bien le drame. L'ex-Venise de l'Orient vire au cauchemar écologique, comme le pressentaient les éléphants. Hystérie de la voiture, frénésie du transistor et des lumières violentes, passion délirante du bruit... Bangkok-la-charmeuse, es-tu là ?

Etrange mais vrai : contrairement à sa réputation, Bangkok n'est pas une fille facile. Rien à espérer d'une étreinte furtive, du genre trois jours-deux nuits tout compris. Ici, la séduction ne souffre pas l'impatience. Il faut marcher, fureter, sentir, palabrer. Car malgré tout, Bangkok a gardé cet "aspect enchanté des civilisations lacustres, des villes qu'on s'attend toujours voir partir à la dérive" qui impressionna Paul Morand en 1928.

Au XVIIIe siècle, Bangkok n'était qu'un village de pêcheurs entouré de vergers, sillonné de klongs (canaux) et de pistes pour éléphants. En 1782, le roi Rama 1er délaissait l'éphémère capitale de Thon Buri pour s'installer en face, sur la rive orientale de la rivière Chao Phaya : Bangkok commençait son irrésistible ascension. Deux ans plus tard, on construisait la première route qui a gardé le nom de New Road, bien qu'elle soit la plus ancienne de la capitale.

La communauté chinoise a joué un rôle majeur dans le développement rapide de Bangkok. C'est d'ailleurs son quartier (China-Town) qui est resté, jusqu'à une période récente, le centre des affaires de la capitale. Affaires en tous genres, depuis le petit commerce de nouilles jusqu'à la banque cossue.

Tant pis pour les nostalgiques des vieilles maisons de teck : l'industrie du béton se porte comme un charme. Il ne fait pas bon, pour un Bangkapi (habitant de Bangkok) s'éloigner trop longtemps de son quartier car il risque de ne plus le reconnaître. Centres commerciaux, banques, condominiums, grands hôtels poussent en quelques mois, toujours plus hauts à l'assaut des nuages. Le futur World Trade Center dépassera de 20 étages la tour Baikoke du quartier Patrunam, fière de ses 43 niveaux. Qui se souvient du temps où les constructions de Bangkok se cachaient sous les cocotiers ?

Ci-dessus : Le légendaire cyclo-pousse s'est réfugié dans les provinces de Thaïlande, tué par la frénésie de la vie urbaine. De problématique, la circulation à Bangkok est devenue carrément démentielle et pose un problème quasi insoluble à la municipalité.

Ci-contre : Avec 46 mètres de long sur 15 mètres de haut, le Bouddha couché du Wat Po est le plus grand de Thaïlande. Sa position symbolise l'accès au nirvana.

Avec une population évaluée entre 6 et 7 millions d'habitants, la capitale siamoise est 45 fois plus grande que la deuxième ville du pays (Nakhon Ratchasima). Vendeurs de rues, ouvriers, dockers, filles de bar, chauffeurs de tuk-tuks... Combien sont-ils à avoir préféré le mirage de la ville au travail dans la rizière ?
Pourtant, aussi curieux que cela puisse paraître, Bangkok est une ville de campagnards. Le modernisme tapageur masque un mode de vie profondément ancré dans la tradition. La grande solitude de la ville n'a pas encore posé sa chape de plomb sur la capitale siamoise. Même (et surtout) dans les logements les plus exigus, il y a toujours de la place pour un cousin de province venu tenter sa chance dans la capitale vorace.
Au titre des divines surprises, la grande sérénité du Bouddha n'a pas déserté celle qui fut "Krungthep", la Cité des Divinités. Il suffit de franchir les portes d'un wat (temple) pour oublier le tumulte de la ville. Si l'on en compte que quatre cents, c'est sûrement qu'on en oublie. Temples royaux, comme celui du Bouddha d'Emeraude, ou temples de quartier cachés sous les banyans et les frangipaniers, ces oasis d'or et de safran incitent au repos, sinon à la méditation.

Ci-dessus : La Montagne d'Or, point culminant de Bangkok, n'a que 80 mètres de hauteur. Mais ce sont désormais les gratte-ciel qui donnent à la capitale son vrai relief.

Ci-contre : Derrière ses remparts crénelés, la vieille cité royale dresse ses flèches de temple et ses toits vernissés, ornés de nagas protecteurs (serpents stylisés).

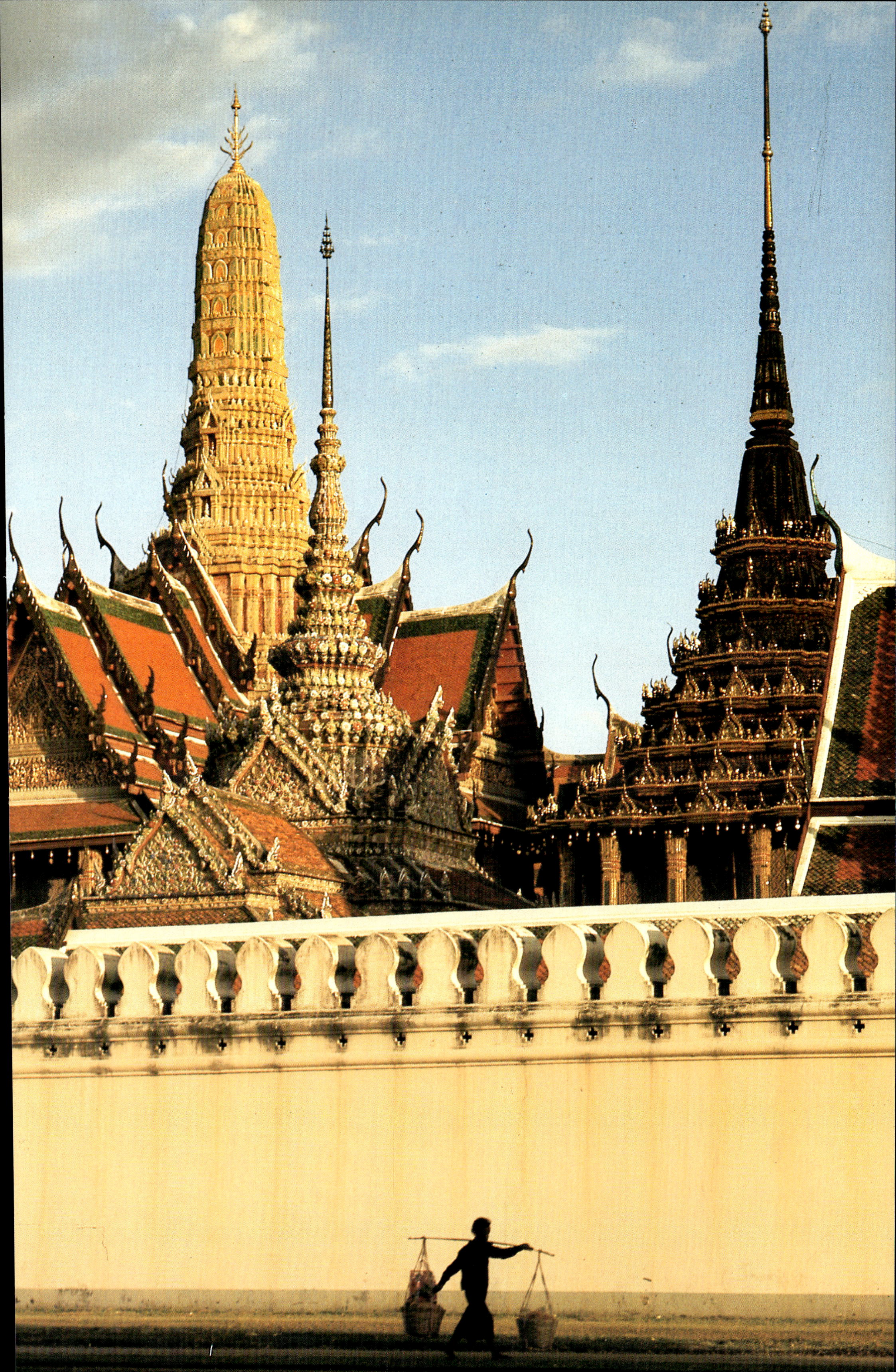

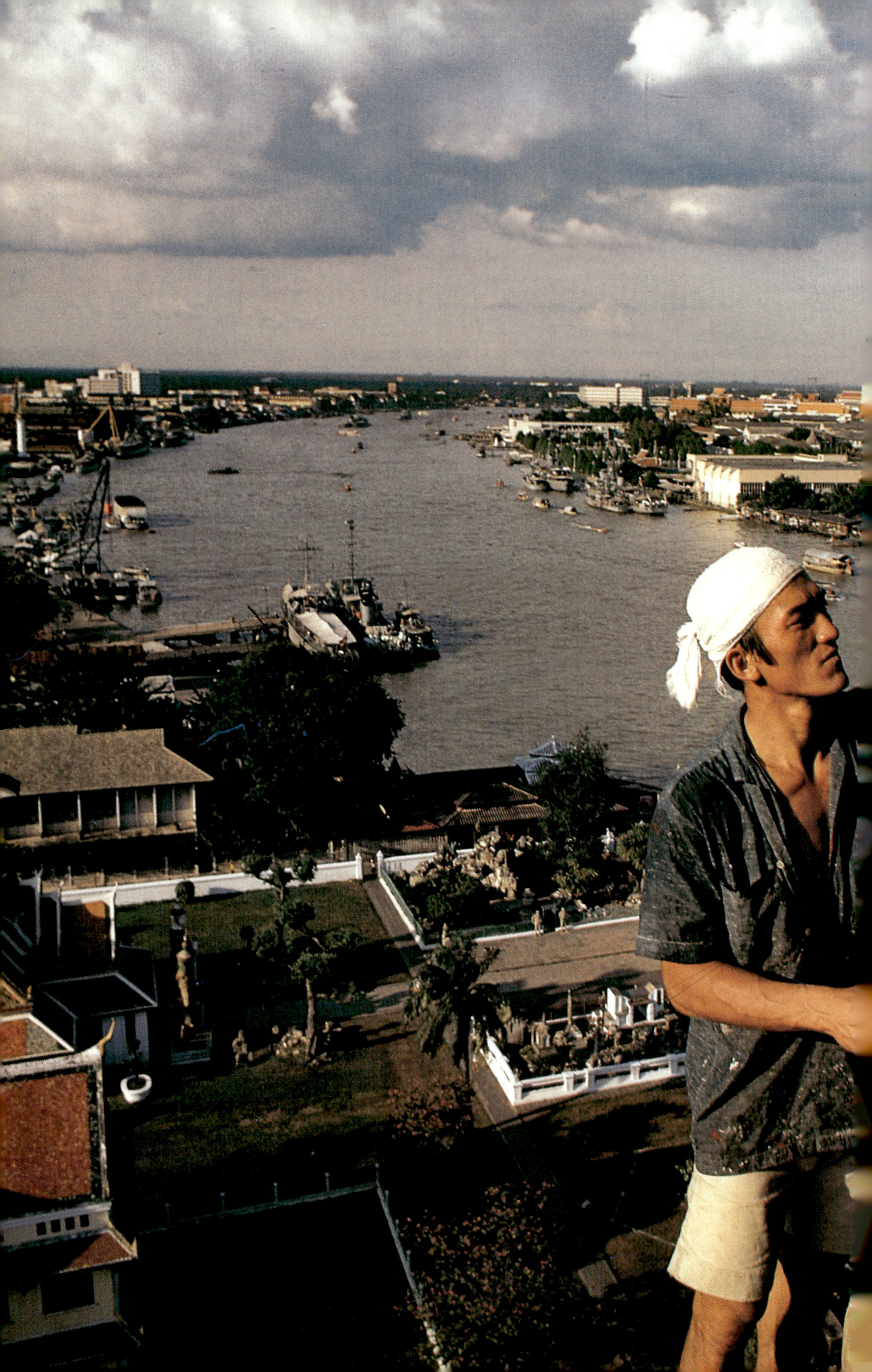

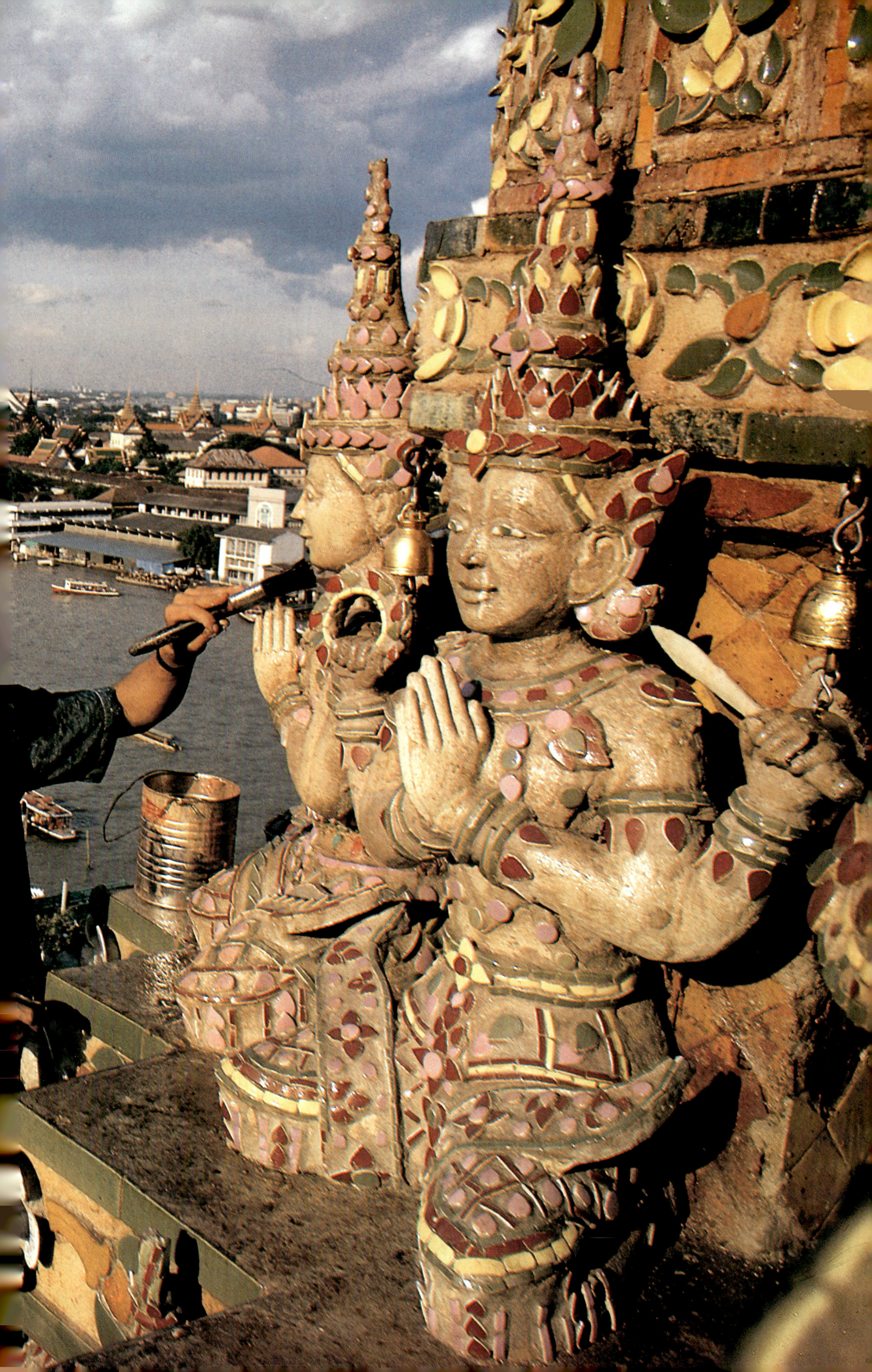

Double page précédente : L'entretien et la rénovation des temples sont un souci permanent pour les Bouddhistes qui, par ce biais, acquièrent des mérites. Pour retaper les prangs du Wat Arun, à 79 mètres de hauteur, il est préférable de ne pas avoir le vertige.

Ci-contre : Si le roi de Thaïlande ne circule plus à dos d'éléphant, il a emprunté à la tradition britannique un moyen de transport d'une égale dignité.

En haut, à gauche : Les jeunes Thaïlandais ont le goût de l'uniforme, comme ils ont le sens de la discipline. Écoliers marine et blanc ou scouts kaki, ils semblent toujours apprêtés pour la parade.

Ci-dessus : Le fleuve Chao Phaya qui irrigue le grenier à riz de la Thaïlande est aussi la plus grande artère de Bangkok. Trains de barges, bateaux-taxis, pirogues à longue queue, barques-boutiques, habitations flottantes créent une activité permanente.

Les lève-tôt ont leur récompense : chaque matin, dans la semi-obscurité de l'aube, les bonzes viennent recueillir leur nourriture de la journée auprès des fidèles. Comme une hallucination de couleurs électriques jaune-orange, ils investissent la ville dans le silence et le recueillement. A la même heure, les femmes et les enfants commencent à confectionner les colliers en fleurs de jasmin qui seront vendus aux feux rouges ou dans les temples, comme autant d'offrandes à la beauté éphémère.

Les filles de bar et les masseuses dorment enfin. Bangkok se purifie des miasmes de ses nuits. Les petits marchands en pirogue sont déjà partis vendre leurs produits sur les derniers klongs, sans penser à demain. Victimes de la modernisation, les klongs sont comblés un à un, transformés en rues, en avenues ou en autoroutes. Pendant ce temps, Bangkok sombre, s'enfonce plus vite que Venise, mégapole à la dérive, comme punie par les Dieux d'avoir voulu trop et trop vite.

Ci-contre, à gauche : Les cuisines de rue, omniprésentes, offrent l'occasion d'une pause toujours savoureuse. Les Thaïlandais ont l'habitude de grignoter à longueur de journée et les repas sont généralement informels.

En haut, à gauche : Les boissons sucrées américaines ont envahi le royaume et les enfants passent, sans transition, du sein maternel au Coca-Cola.

Ci-dessus : Épiceries et commerces sont souvent des affaires de famille. Dans les quartiers les plus anciens, on vit encore dans l'arrière-boutique et la distance reste courte entre le centre de production et le lieu de distribution.

Ci-contre : Au crépuscule, devant la terrasse de l'hôtel Oriental, le fantôme nostalgique de la Venise de l'Orient semble resurgir du passé. Palace de légende, l'Oriental offre aussi la vue la plus romantique de Bangkok sur la rivière Chao Phaya.

Double page suivante : La ville chinoise, cœur du vieux Bangkok, a conservé son cachet et l'on y trouve encore des calligraphes ou des graveurs de sceaux qui n'ont pas oublié l'art des idéogrammes.

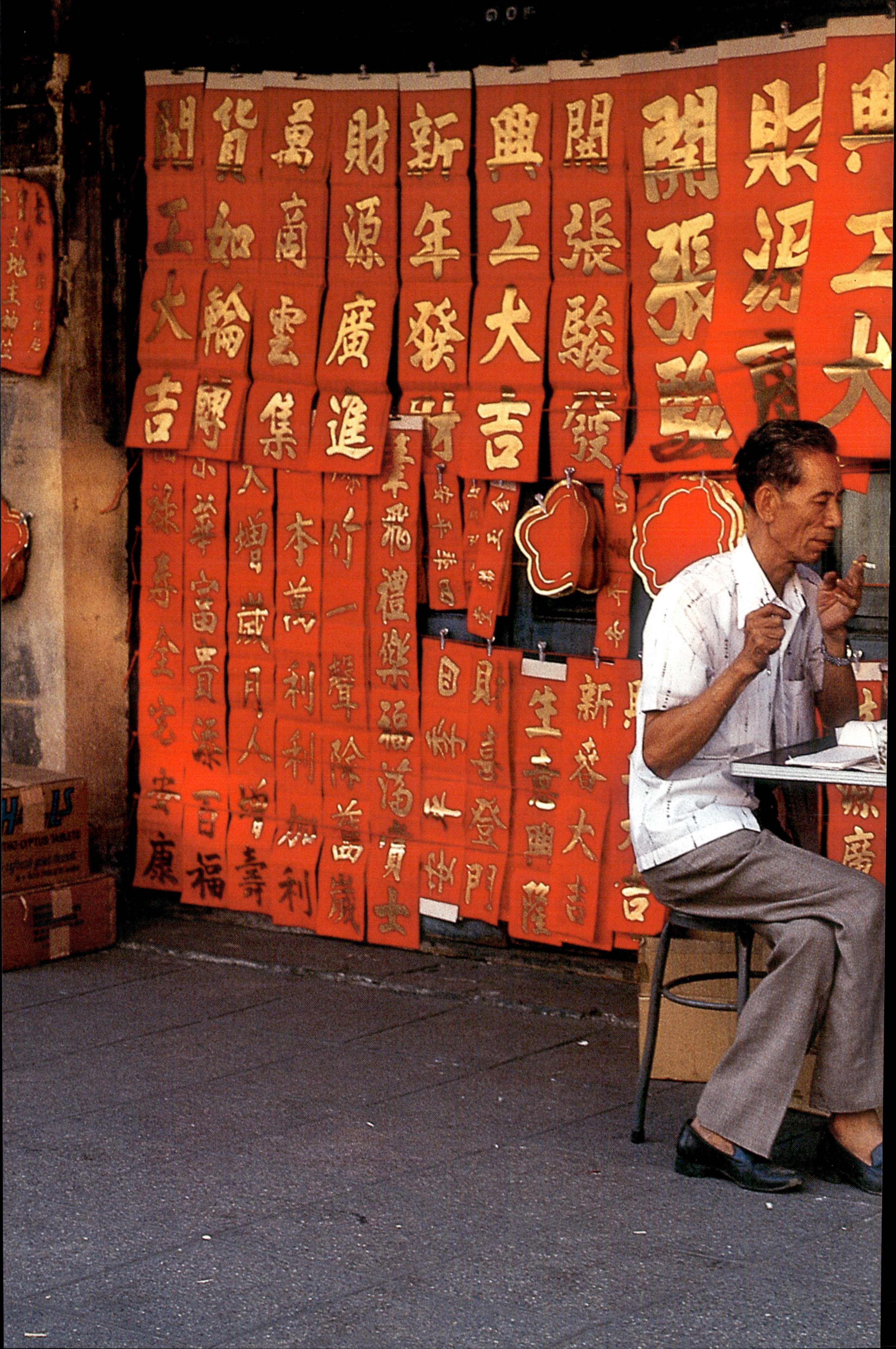
開工大吉
貨如輪轉
萬商雲集
財源廣進
新年發財
興工大吉
開張駿發

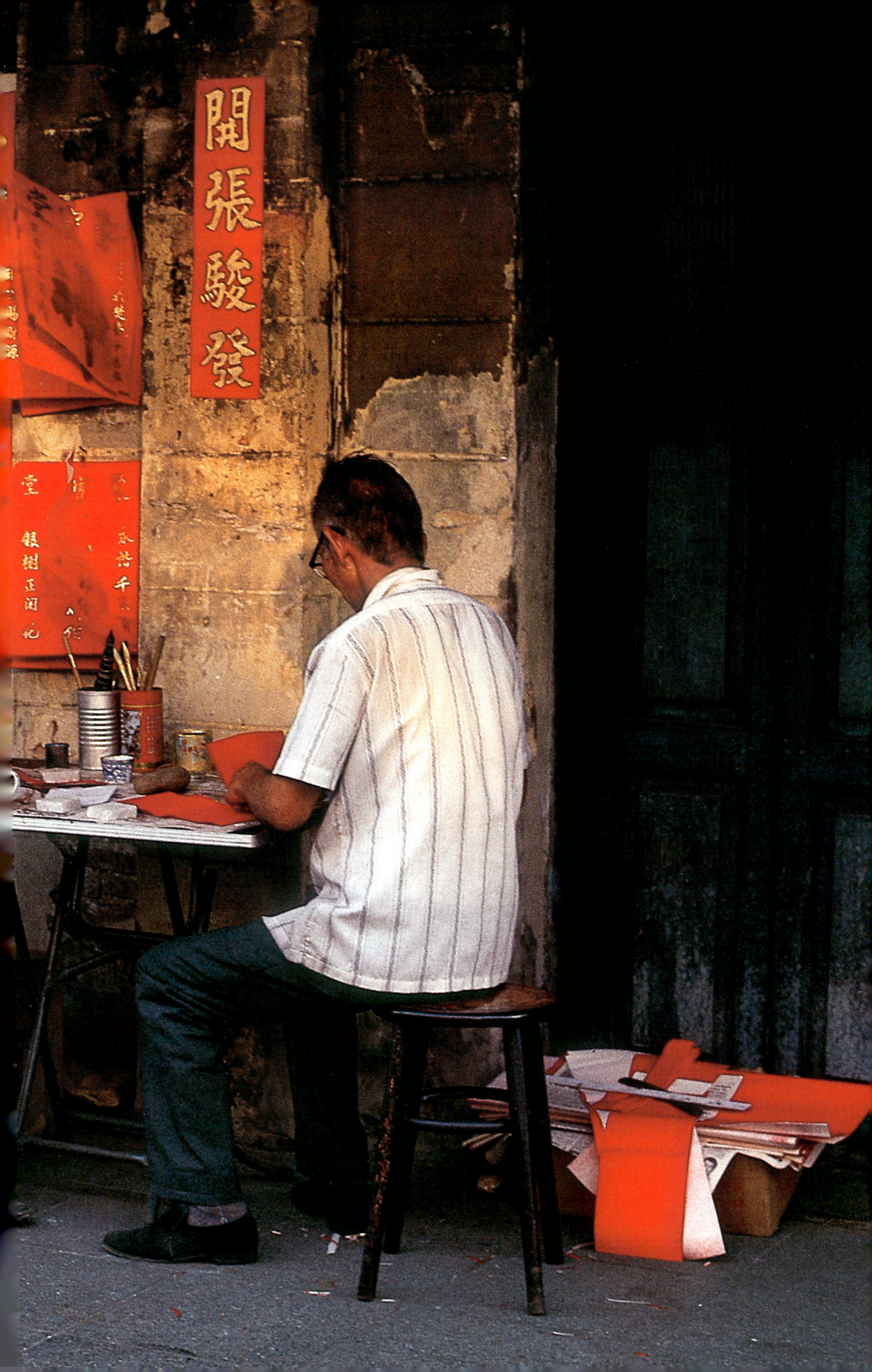
開張駿發

Le marché est une fête pour tous : acheteurs, vendeurs et promeneurs. Le commerce passe par la séduction. Ici, elle est naturelle et nul ne s'étonnera de voir une vendeuse assortir sa chemise à ses fleurs. Les confiseurs inventent des couleurs et l'emballage plastique n'a pas détrôné les feuilles de bananier.

L'empire des sens

*L*es Bangkapis ne s'ennuient pas le dimanche. Rien de plus sanuk que d'aller flâner sur le marché du week-end. Qu'importe s'il a quitté, depuis les fêtes du bicentenaire en 1982, le cadre majestueux de Sanam Luang. Exilé dans la banlieue Nord à San Chatuchak, il reste le favori des sorties en famille.

Les campagnards débarquent, avec leurs paniers à balanciers remplis de trésors de la jungle, de réserves de grain, d'épices, de poisson séché. Tout ce que la capitale et ses faubourgs comptent de commerçants vient y tenir boutique. Ici, samedi et dimanche sont jours de supermarché : vanneries, transistors, poissons exotiques, tissus, orchidées rares, soupes chinoises, bergers allemands, bonne aventure, bébés pythons, stylos à bille, portraits du Roi, perroquets, noix de coco, amulettes... De quoi nourrir cent fois l'imagination d'un inventaire à la Prévert.

Employés, bonzes, ménagères, écoliers, touristes déambulent, sollicités à chaque pas par des effluves nouveaux ou des trouvailles inédites. Au mois d'Avril, les enfants sortent leurs cerfs-volants et se livrent à des joutes, guidés par leurs aînés. Les joueurs invétérés se retrouvent autour d'un bocal où deux poissons combattants mènent une lutte à mort, à moins qu'on ne leur propose de parier serpent contre mangouste.

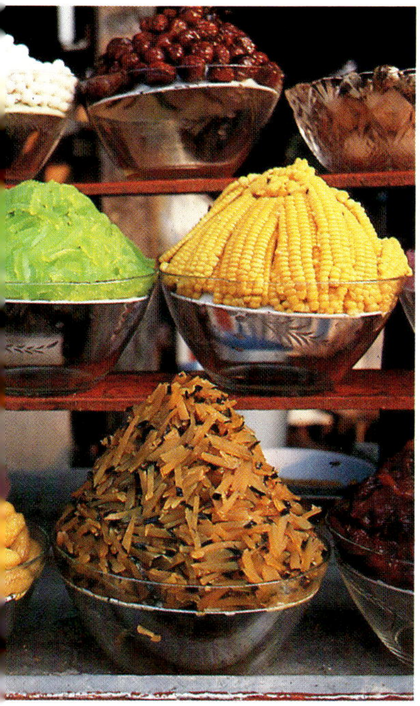
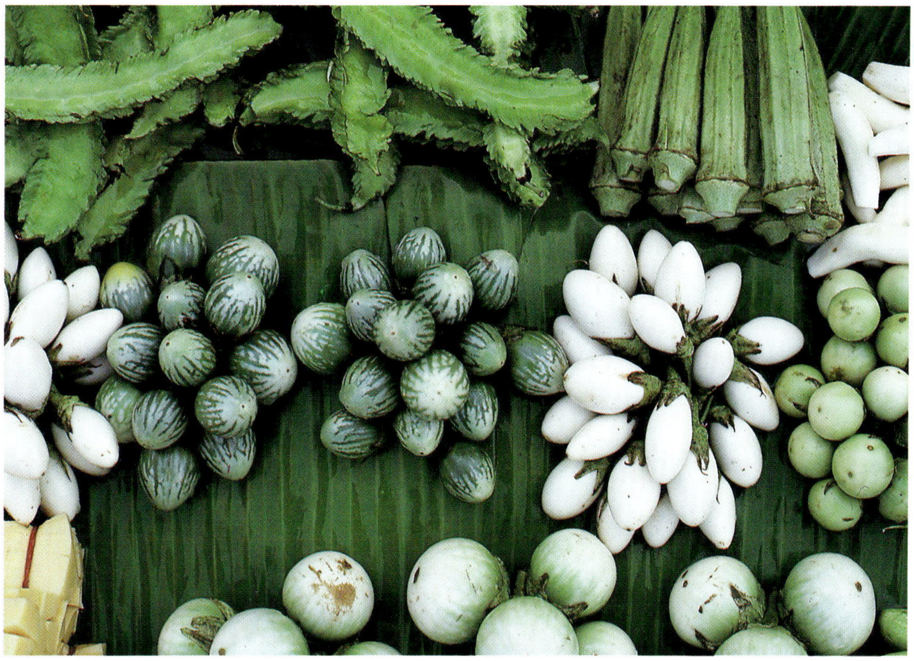
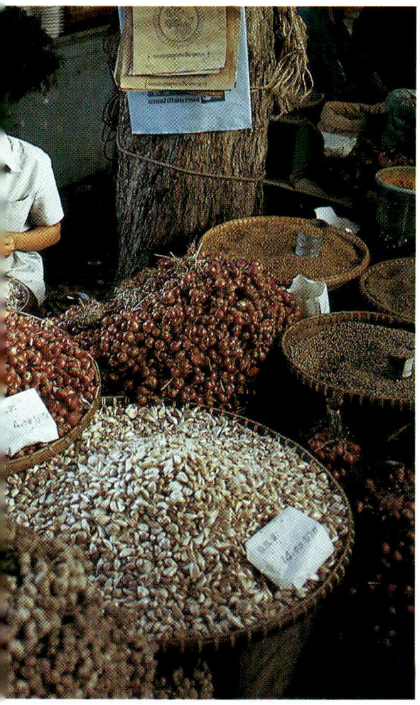
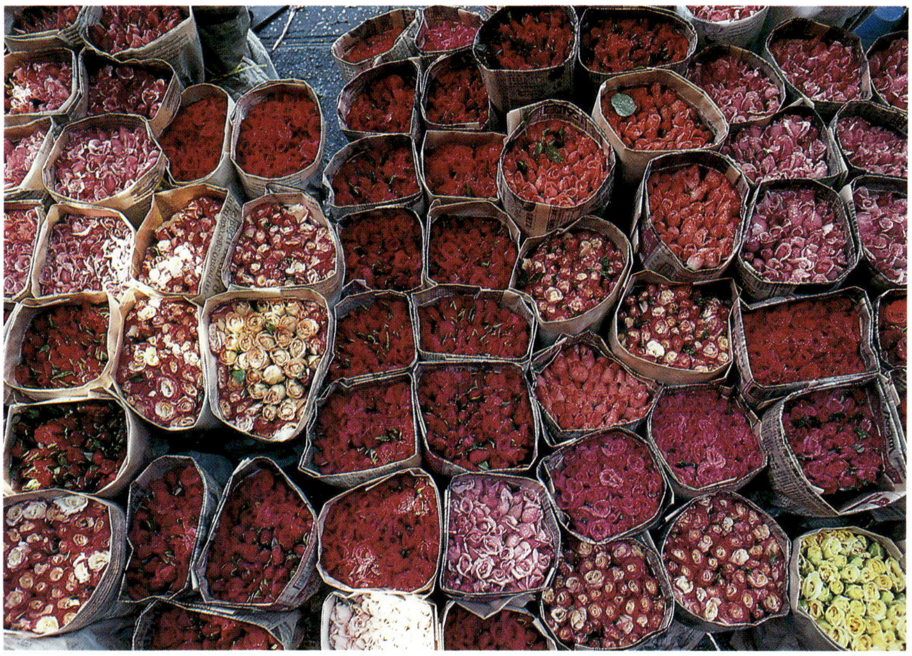
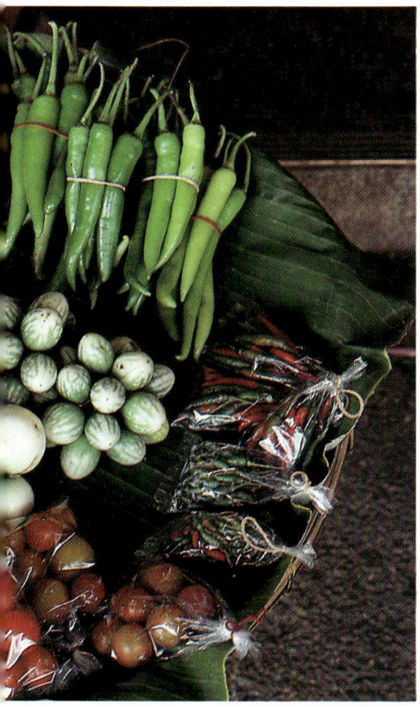
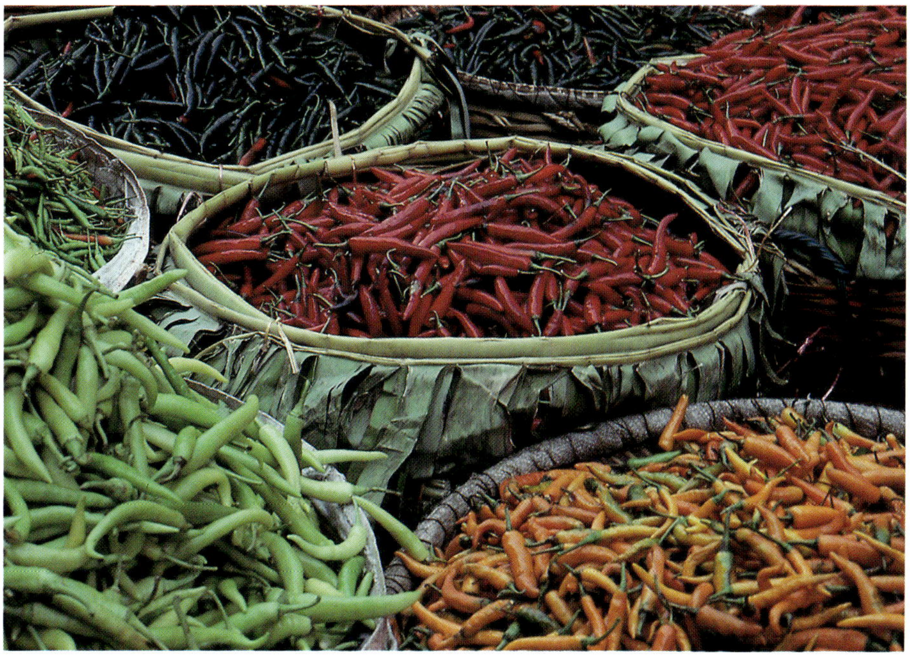

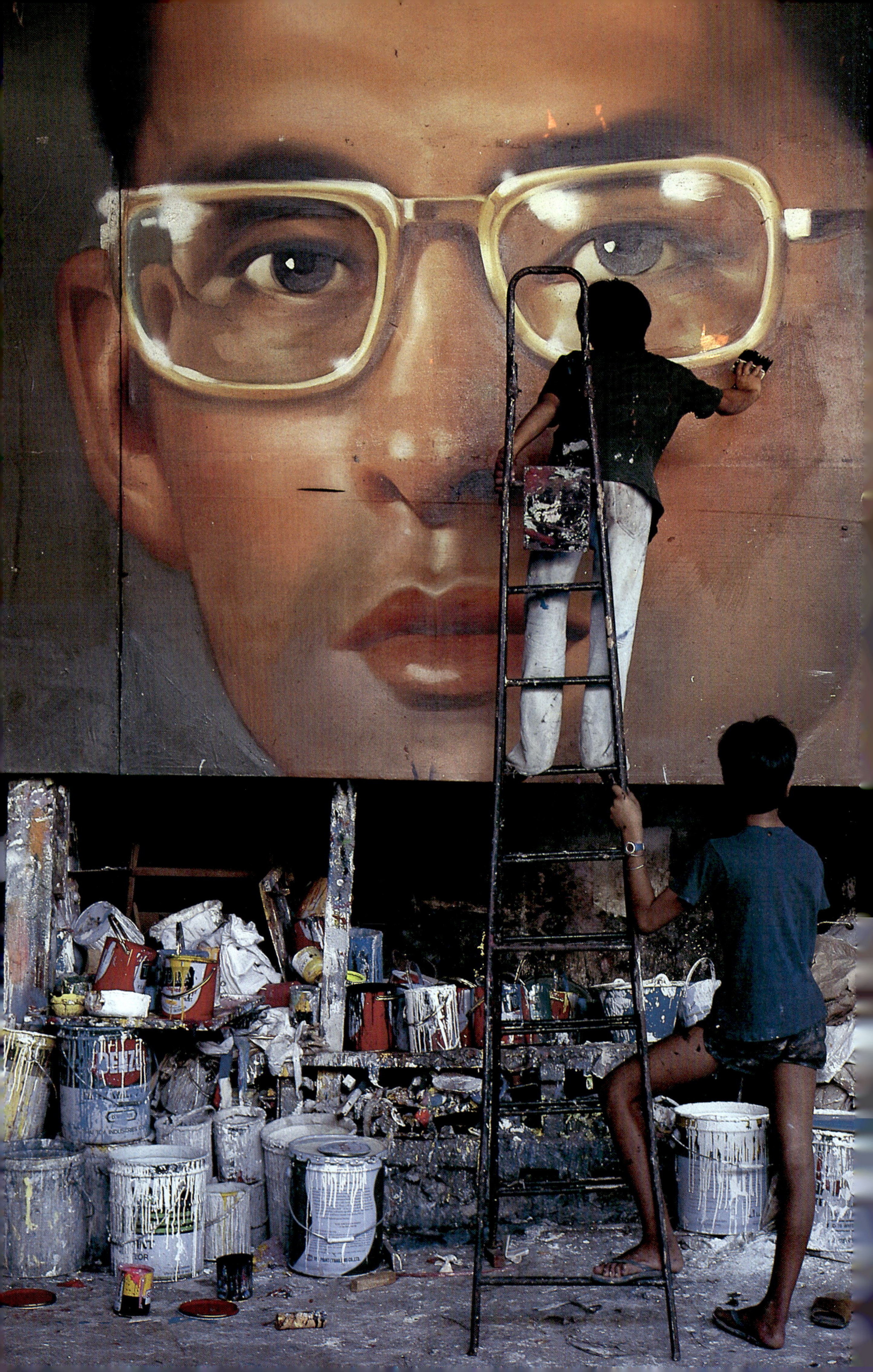

Ce marché populaire n'est que la version emphatique des multiples autres marchés qui animent, en permanence, la capitale siamoise. Sur le marché Bangrak, on compose son menu du jour : profusion de légumes dont les savantes pyramides défient les lois de l'équilibre, brochettes en tous genres et bassines emplies de "meng da", sorte de cafard d'eau très prisé pour les sauces, qui semble destiné au régal du diable. Ici et là, les fruits mystérieux d'un éden exotique : les mangoustans, petites pommes rouge sombre à chair blanche, les jambuls, prunes de java, le lamut à la pulpe brune et suave, la mangue douce amère, le ramboutan qui ressemble à un minuscule hérisson en colère...

Les amoureux de fleurs préfèrent flâner sur les bords du klong Krung Kasem et admirer les orchidées à l'ombre des flamboyants. Sur la berge opposée, les noix de coco cueillies par les singes de Samui s'entassent dans des paniers spéciaux qui servent aussi pour le calibrage.

Devant le wat Rachanada, en face de la Montagne d'Or, les Bangkapis viennent conforter leur karma (destinée) sur le marché aux amulettes. Chacun peut y choisir la meilleure protection contre les risques de l'existence : l'adultère, la maladie, la stérilité, les coups de revolver, les accidents de tuk-tuk... Rien à voir avec une banale quincaillerie : chaque médaille, chaque Bouddha ont leurs vertus.

Pour qui a négligé de remplir son panier avant le crépuscule, Bangkok offre bien des ressources : marchés nocturnes illuminés de lampes tempête fleurissent çà et là, sortilèges toujours renouvelés des nuits tropicales. On s'y régale de fruits de mer, sans façons sur un coin de table. L'éclat mordoré du Mékong, ce whisky du pauvre, fait chatoyer les verres et le crépitement des fritures invite à mille découvertes piquantes.

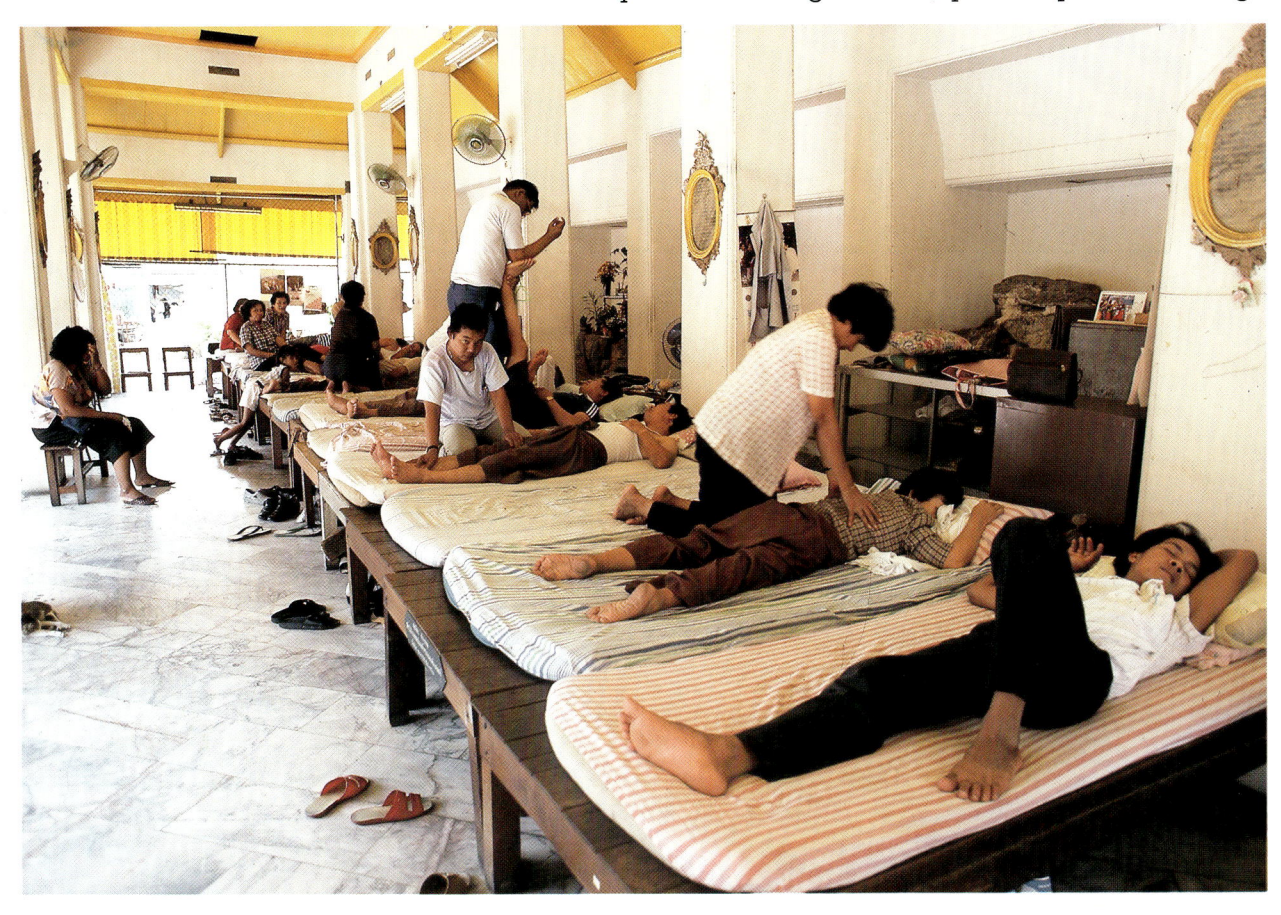

Ci-dessus : Le massage thaïlandais n'a pas attendu les demoiselles de Patpong pour acquérir ses lettres de noblesse. C'est un art très ancien qui traduit l'innocente sensualité d'un peuple bien dans sa peau.

Ci-contre : Les grandes affiches urbaines sont le plus souvent peintes à la main par des artistes populaires. Ici, un équilibriste peaufine un portrait de Sa Majesté le roi Bumibhol.

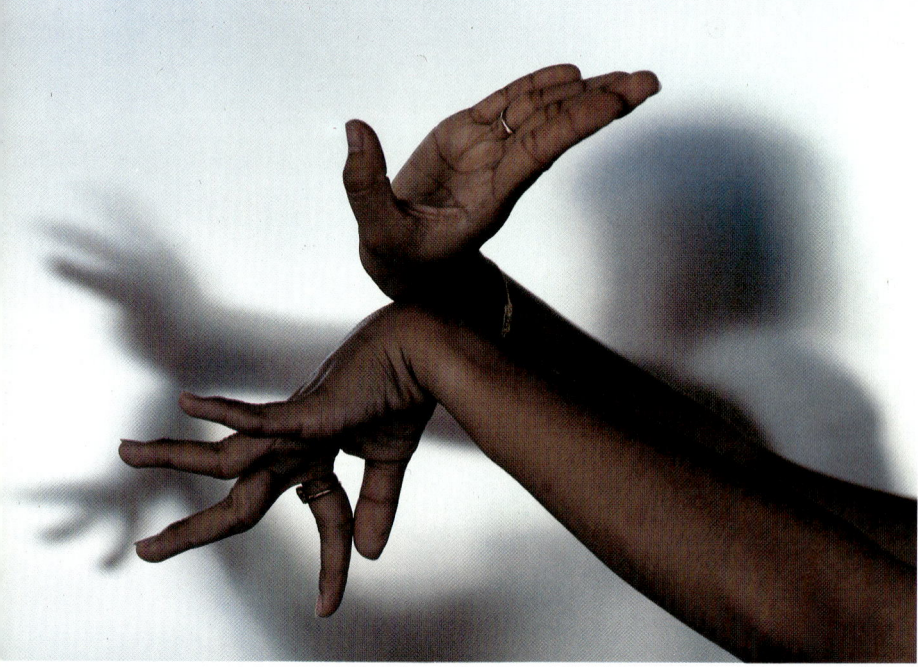

Ci-dessus : La danse classique thaïlandaise exige une souplesse qui se travaille dès la plus jeune enfance. La plupart des jeunes filles thaïes sont capables de plier le poignet à angle aigu et connaissent la signification de chaque geste des mains.

Ci-contre : De jeunes danseuses s'offrent un moment de détente. Les représentations du lakhon (danse classique) et du khon (théâtre masqué) peuvent durer plusieurs heures. Le répertoire est inspiré de la mythologie et des épopées hindouistes du Ramayana et du Mahabharata.

31

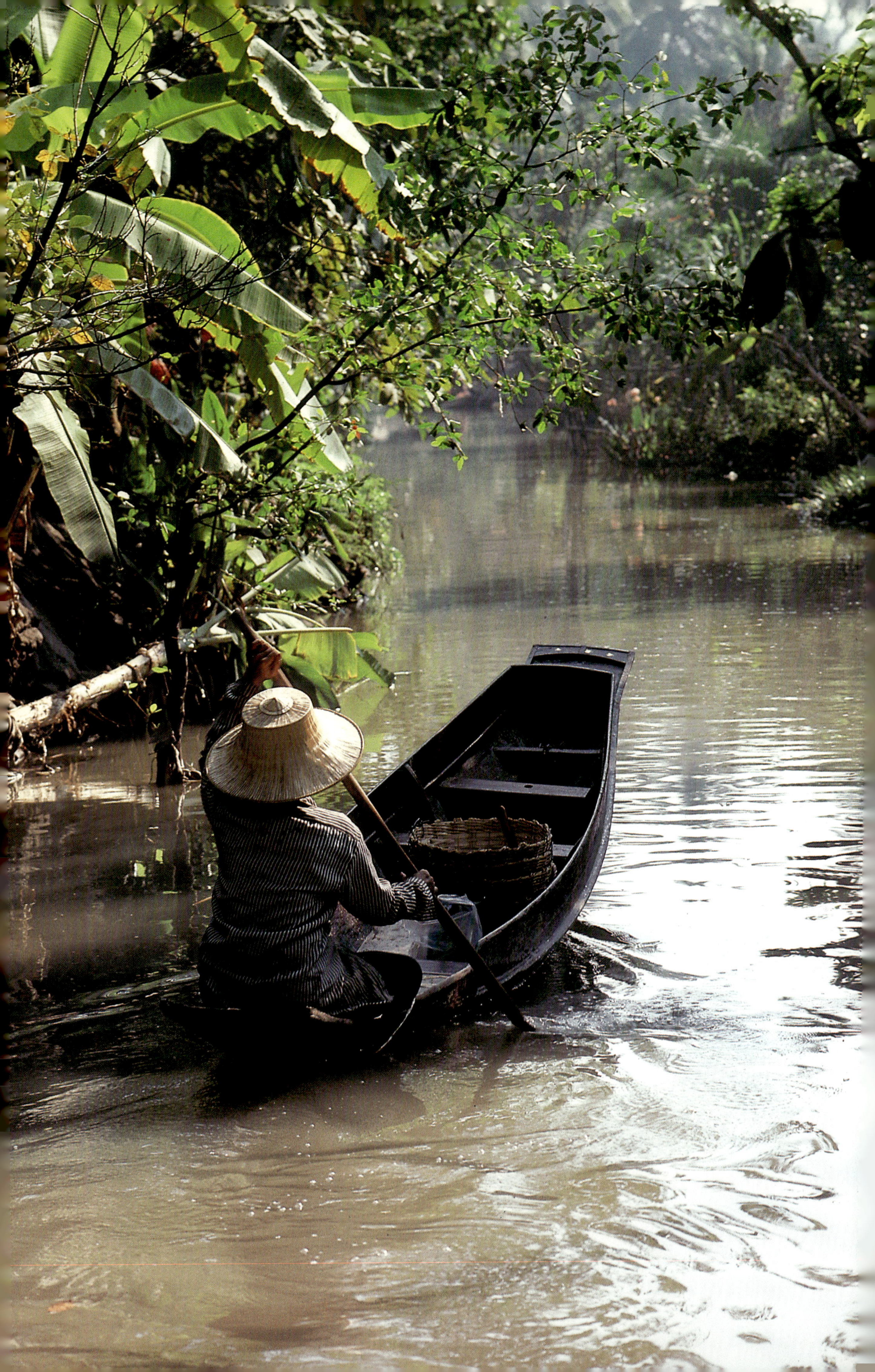

La clé des klongs

Le silence a déserté les klongs. Prakit et Somsak se livrent à leur sport favori, zigzagant entre les barques chargées de fruits, les cuisines flottantes et les bateaux-taxi. Hilares, ils poussent à fond le moteur de leur hang-yao (littéralement : pirogue à longue queue) dans une course effrénée. Equipé d'un moteur de camion, doté d'une longue tige servant à la fois de gouvernail et d'arbre de transmission, le hang-yao est au klong ce que la moto est au bitume : un moyen de transport aussi bruyant que rapide.

Les klongs appartiennent au folklore de Bangkok, comme les canaux à celui de Venise. Mais ils constituent surtout le pivot de la vie économique et sociale, dans un pays qui compte plus de trois millions de kilomètres de voies d'eau. Malgré la multiplication des opérations de remblaiement, Bangkok reste enserrée dans un lacis de klongs, et l'on peut toujours se rendre (presque) jusqu'à l'aéroport international de Don Muang par bateau.

Dans les villages de la plaine centrale, le plancher des buffles n'inspire toujours que répugnance : on vit sur pilotis, survivance d'une longue tradition amphibienne. Le klong est à la fois rue, égout, lavoir, salle de bain, lieu de baignade et de pêche. Comme pour narguer le corps médical et les écologistes réunis, l'eau la plus douteuse semble remplir malgré tout, sa fonction purificatrice : sortir propre d'une eau sale est une vertu thaïlandaise dont le mystère reste entier. Comme le repas, la toilette ne souffre pas d'horaires et suit la règle du bon plaisir. Savonnage et baignade joignent l'utile à l'agréable.

Pour beaucoup de villages, le klong reste le seul lien avec le monde extérieur. Si les hommes restent les rois de la pirogue à moteur, les femmes sont expertes dans l'art de s'extraire en douceur des embouteillages flottants du marché.

Double page suivante : A une heure de route de Bangkok, le marché flottant de Damnoen Saduak restitue la magie de l'ancien Siam. Les vendeuses quittent leurs villages très tôt le matin pour gagner le marché, par un labyrinthe de canaux imbriqués dans la végétation tropicale.

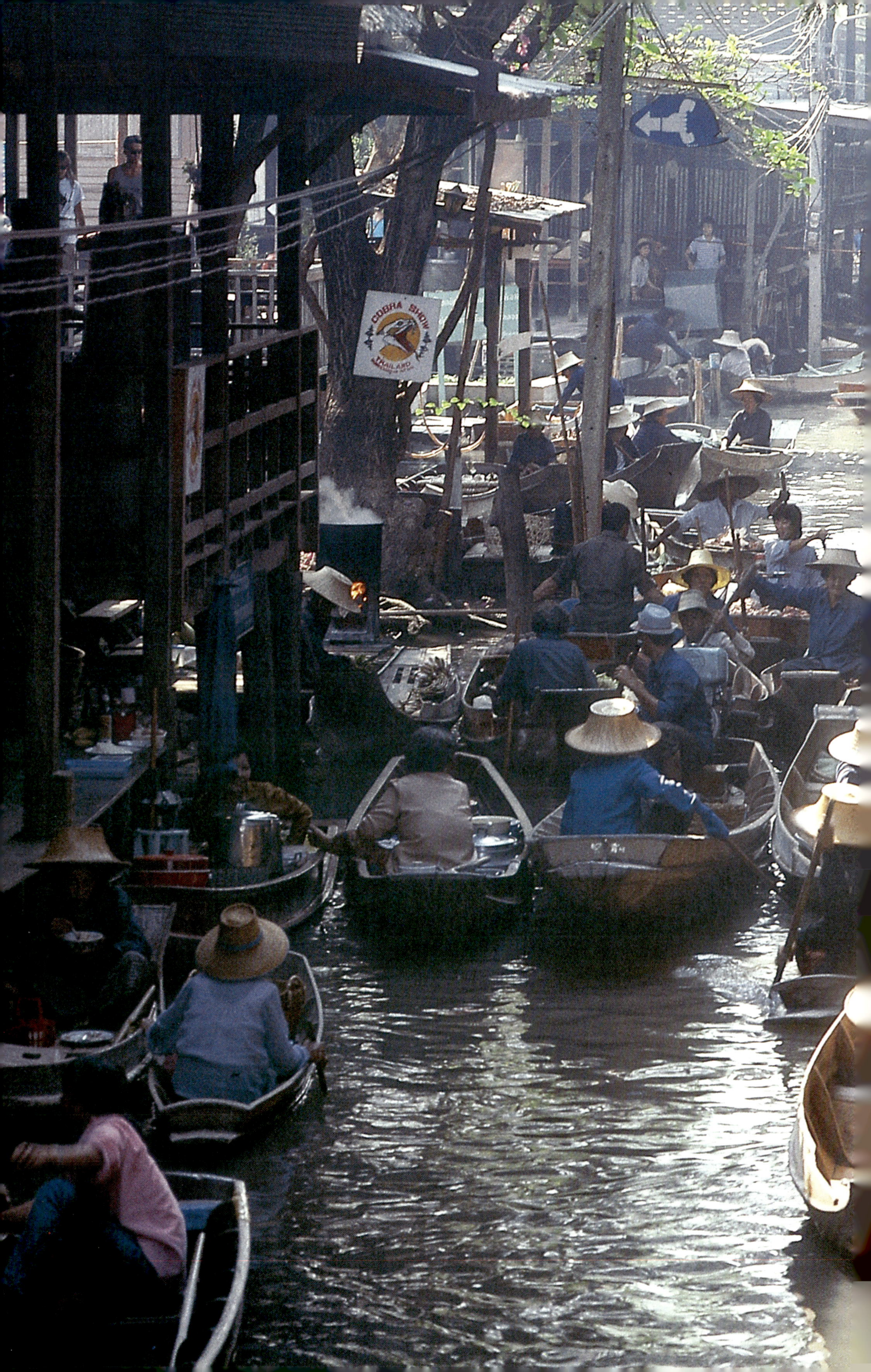
COBRA SHOW
THAILAND

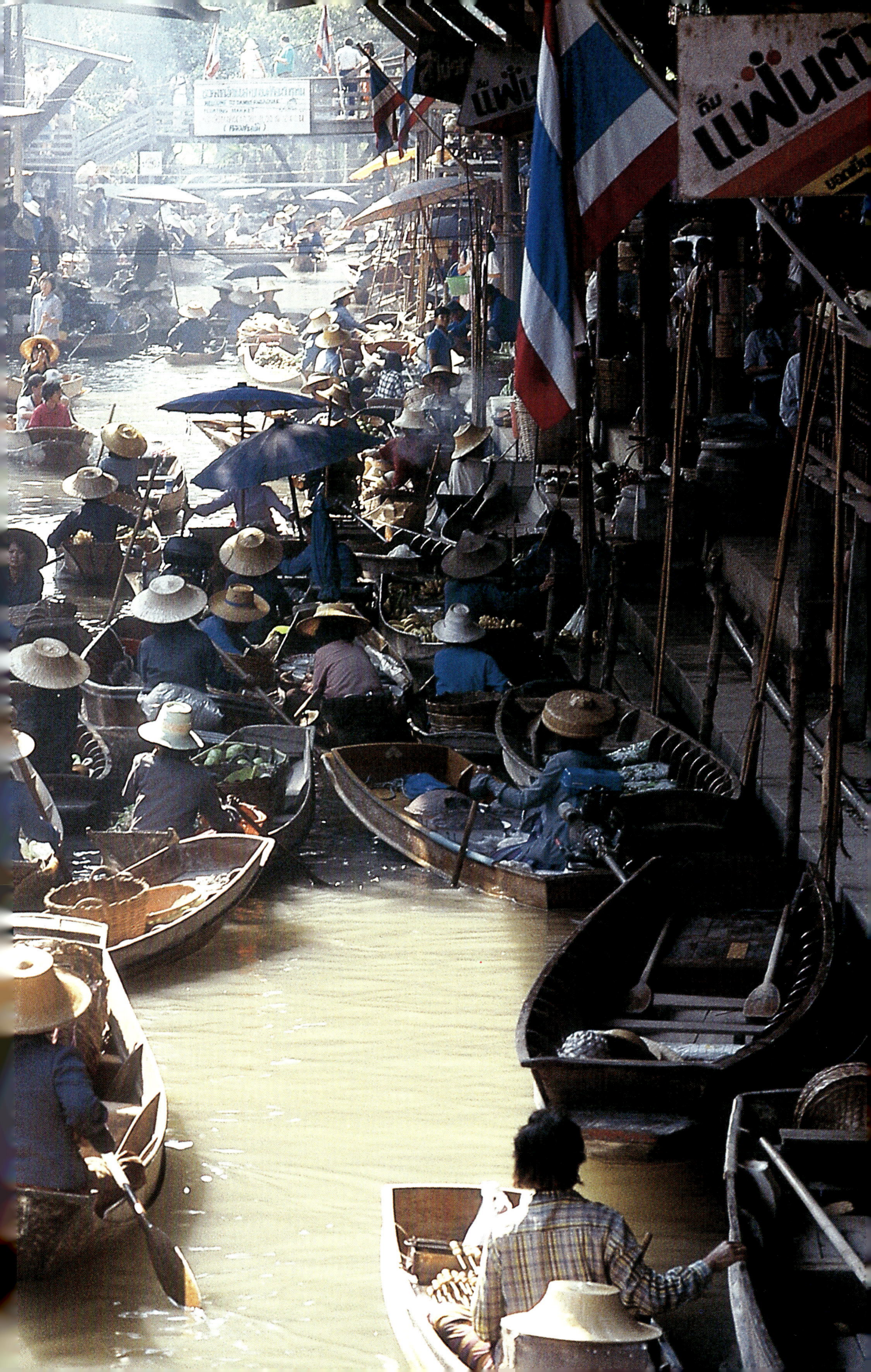

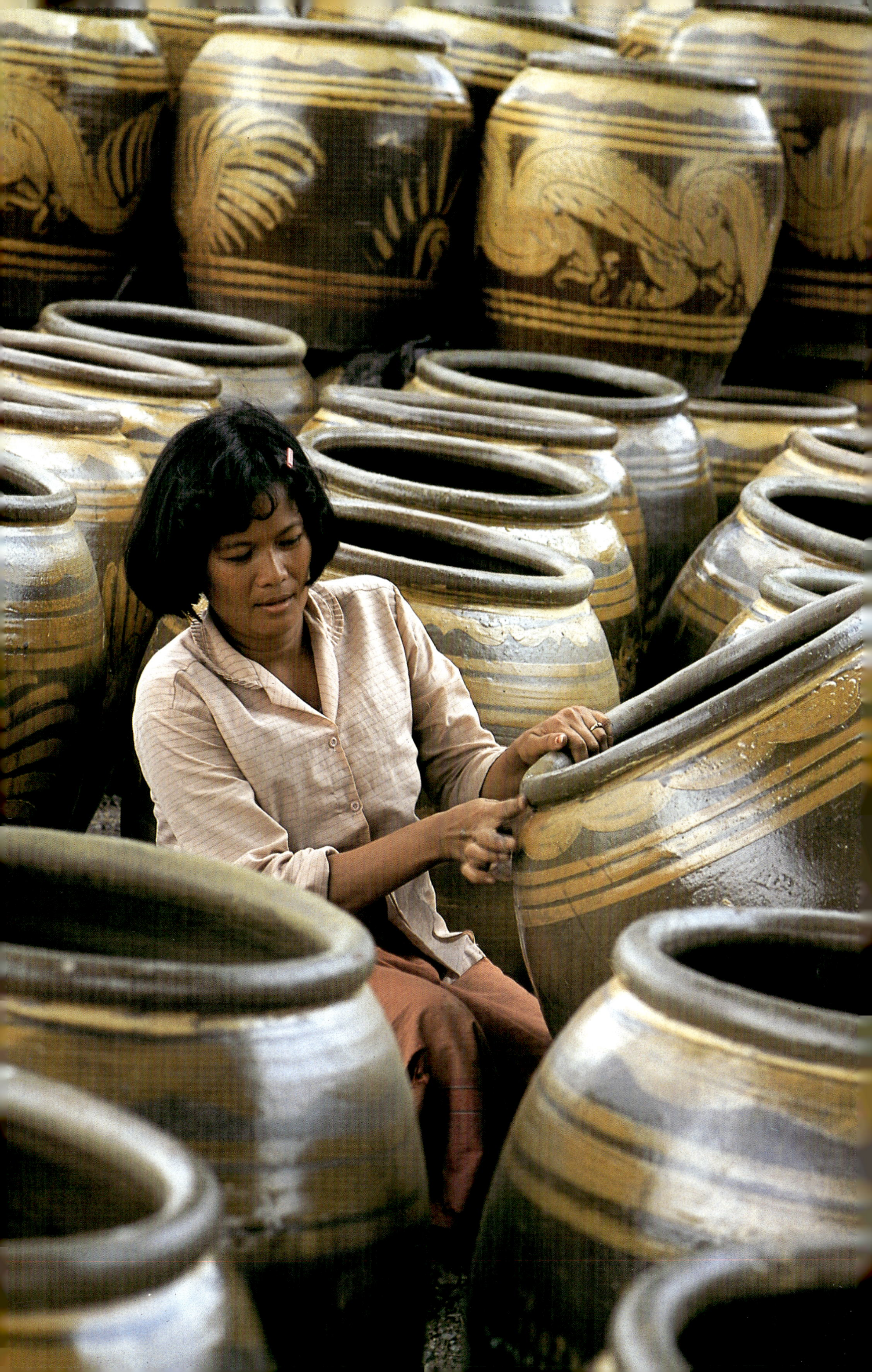

A gauche : Les grosses jarres en grès, ornées de dragons, sont d'origine chinoise. On les laisse sur les terrasses, où elles servent de réserve d'eau potable.

A droite : Sur la terre ferme, comme sur l'eau, il y a toujours une cuisine ambulante pour satisfaire une petite faim. Vieille tradition de fast-food qui mériterait d'être exportée, pour ses qualités gastronomiques.

Aux heures de pointe, les barques s'enchevêtrent, tandis que chacun se fait tour à tour vendeur et acheteur. Pas besoin du Minitel pour faire son marché sans se déplacer.

En plus, on peut toucher les marchandises, négocier, comparer. Sans cesser de vaquer à leurs occupations, les ménagères surveillent le ballet d'un œil distrait, depuis leur terrasse, et font signe au fournisseur de leur choix.
S'ils ont été relégués à la périphérie de Bangkok, les marchés flottants n'ont pas disparu du paysage thaïlandais.

Le plus célèbre, celui de Damnoen Saduak, déploie chaque matin sa symphonie de bleu, orchestrée par le ton des chemises que portent les paysannes. Chaque barque offre une composition nouvelle : pyramides d'ananas, montagnes de pastèques, vanneries, poteries, restaurant flottant... Parfois, une pirogue chargée de bonzes strie d'une ligne orange ce camaïeux où dominent les couleurs froides.

Imperceptiblement, l'enchevêtrement des barques se dénoue, restituant le klong aux enfants nus et cuivrés qui se livrent à des concours de plongée dans les remous des hang-yaos. En voilà qui ont sûrement appris à nager avant de savoir marcher ! À moins qu'ils n'aient vécu mi-singes, mi-poissons dans une vie antérieure...

Ci-dessus : Les filets en forme de coléoptères géants font partie du paysage thaïlandais. On pêche partout, même dans les rizières, dans ce pays où le poisson constitue, avec le riz, la nourriture de base.

Ci-contre : Le klong ou la rivière sont les terrains de jeux favoris des enfants, indifférents à la couleur de l'eau.

Page de droite : La tradition bouddhiste respecte les animaux. L'omniprésence de la nature fait naître des rapports familiers entre les enfants et les animaux. Qui ne rêverait d'un aussi adorable compagnon de jeux !

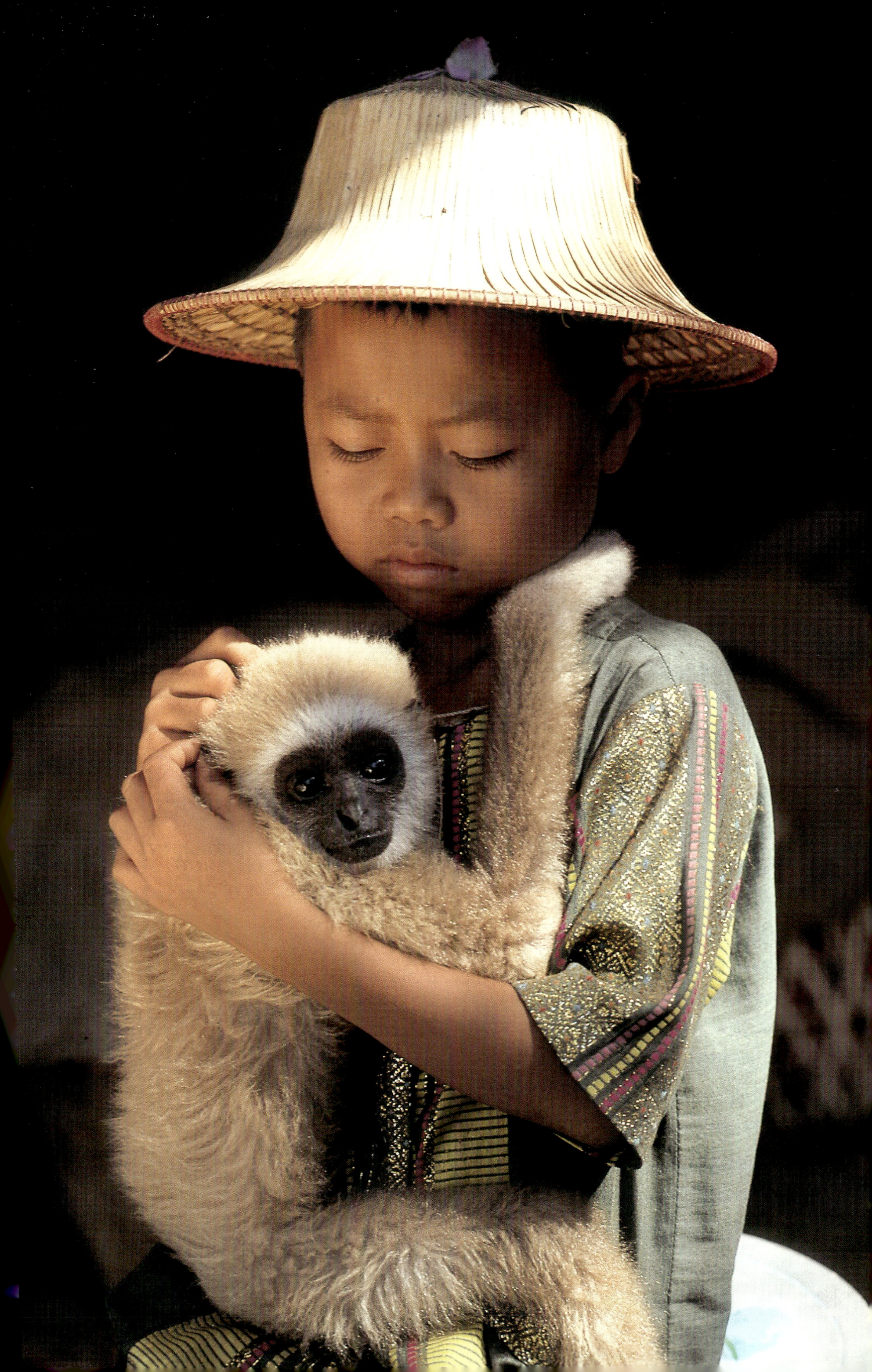

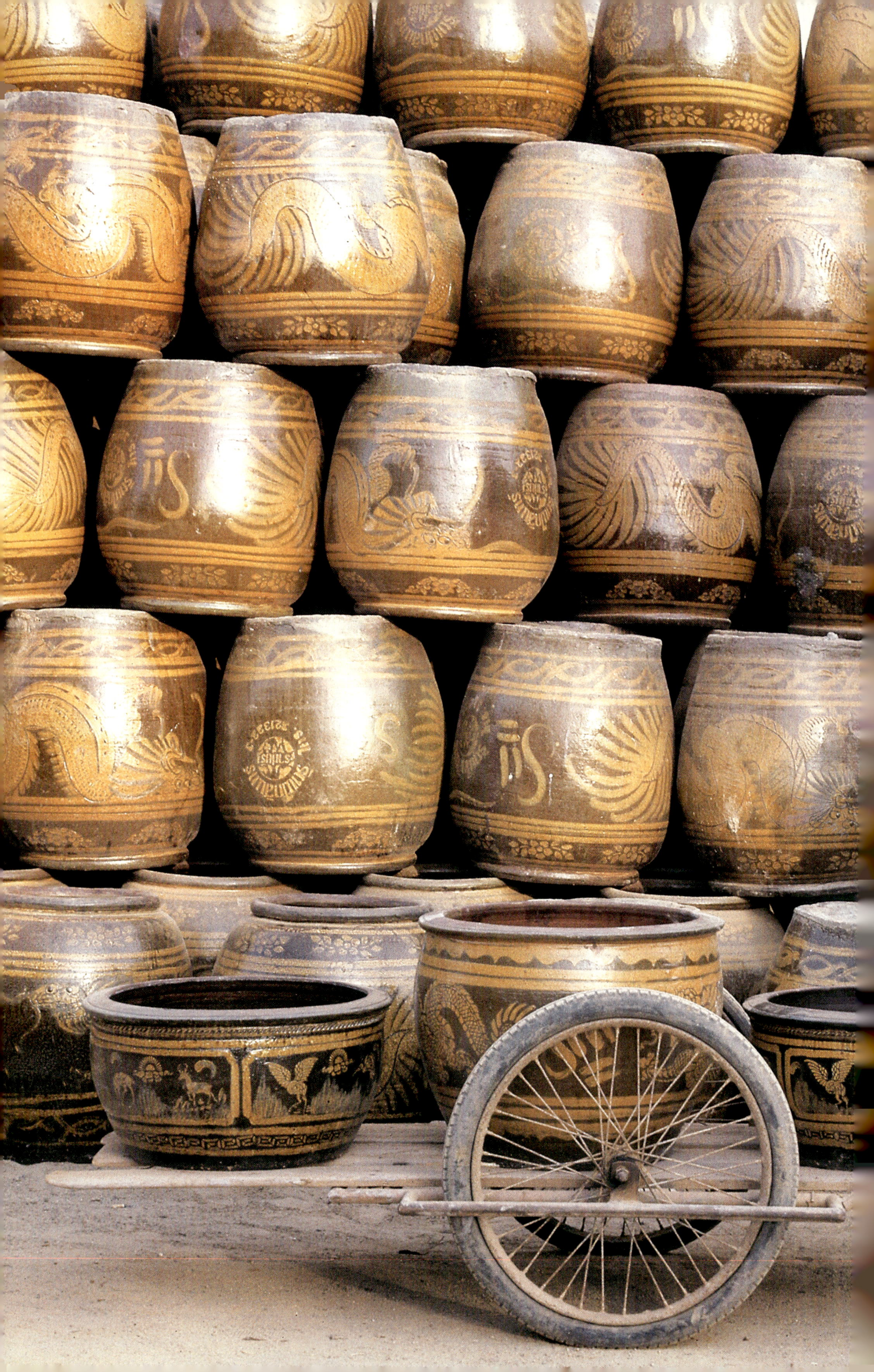

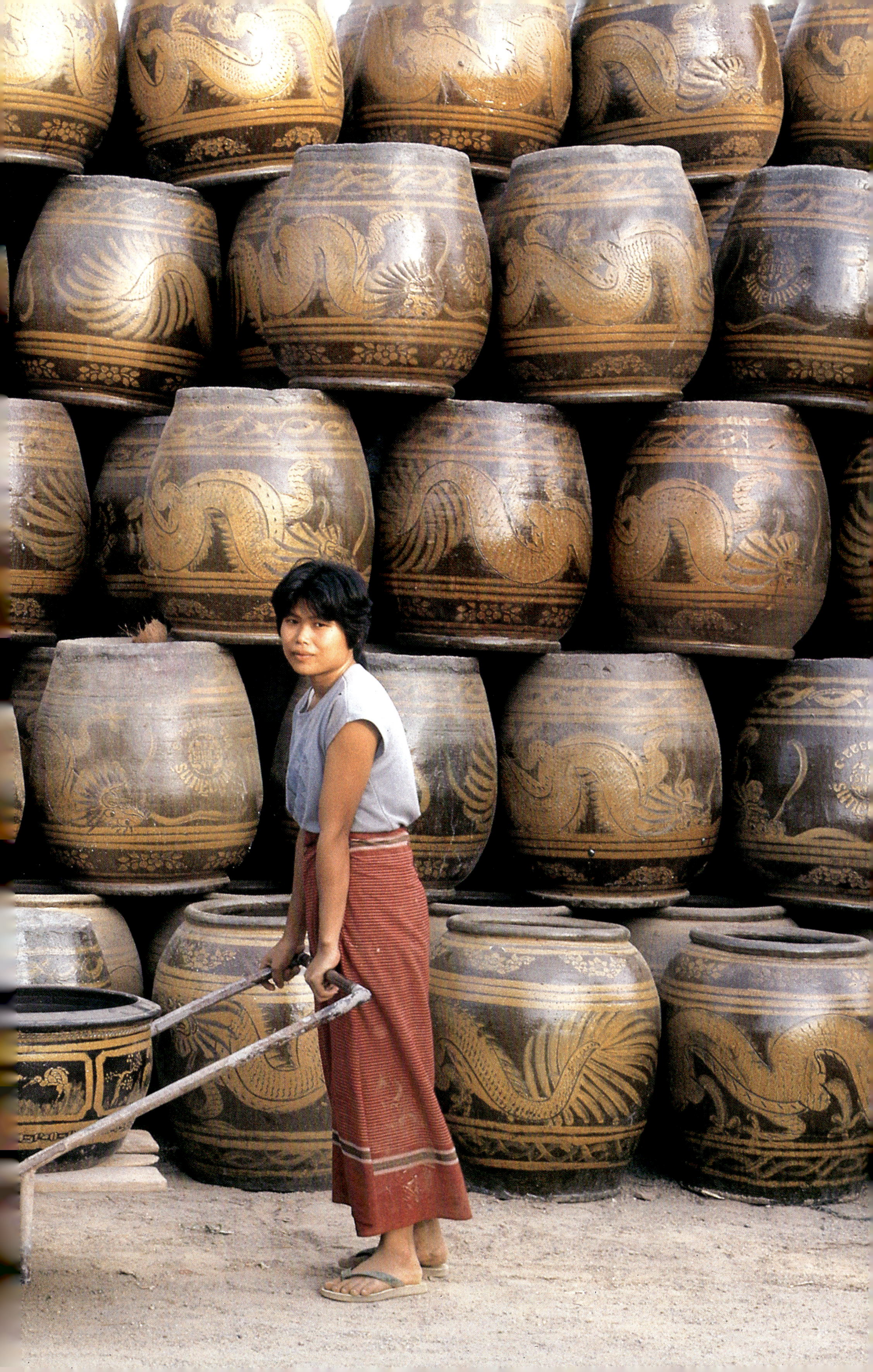

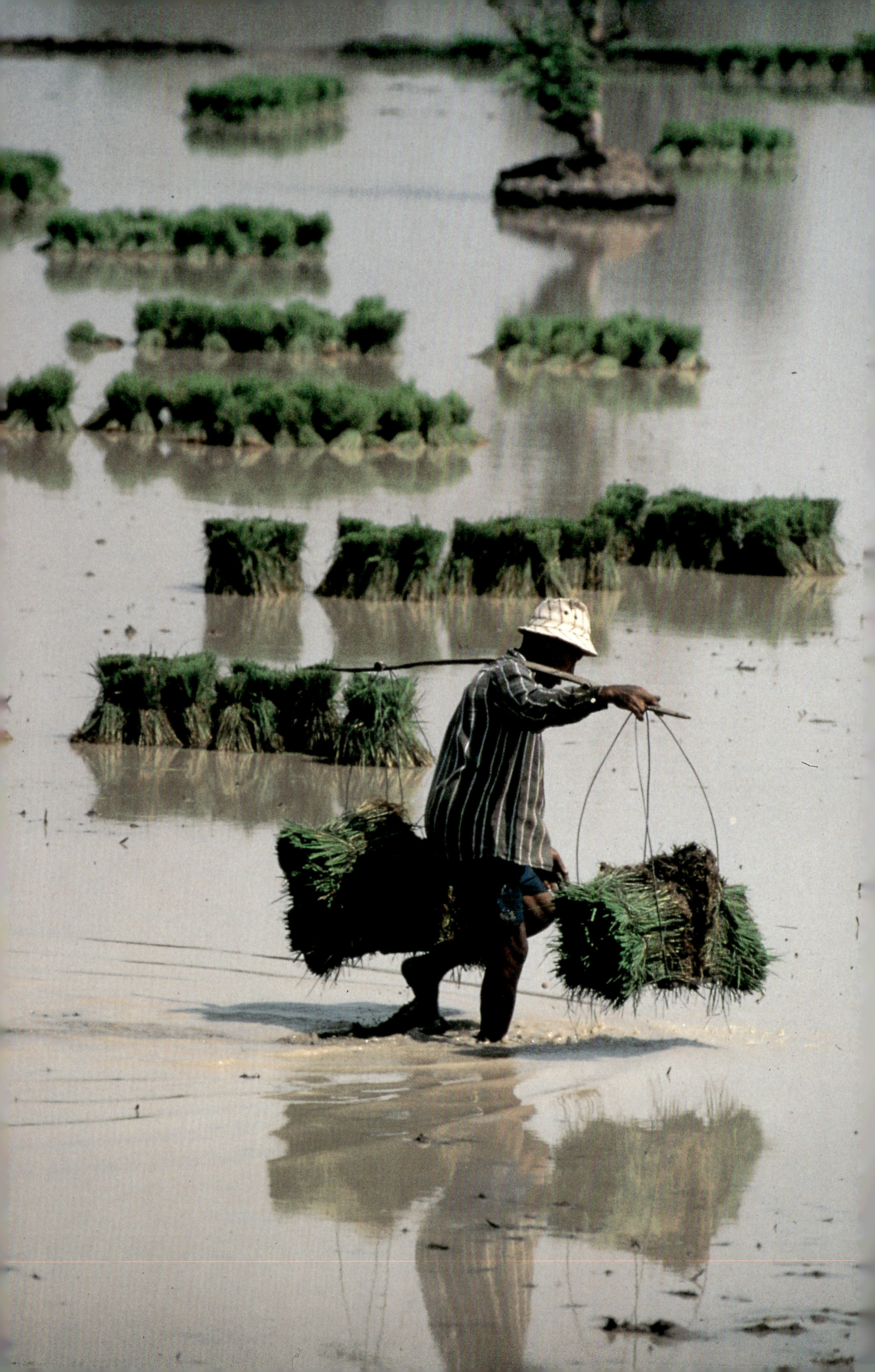

La riziculture occupe 70% des terres arables, soit 9 millions d'hectares. Les tâches agricoles restent très peu mécanisées et les paysans sont soumis à un travail harassant. Dans leur grande majorité, ils ne possèdent pas la terre qu'ils cultivent.

La terre et la rizière

*I*maginez une tête d'éléphant, nichée entre la Birmanie, le Laos et le Kampuchéa. Son oreille est ourlée par le Mékong sur plus de 1 000 km, tandis que le bout de sa trompe taquine la Malaisie : c'est la Thaïlande.
Pays de paysans, de pêcheurs, de montagnards, la Thaïlande déploie sur une superficie quasi-égale à celle de la France, ses paysages d'estampe : rizières taillées au cordeau, jungles inextricables entrelacées de lianes où folâtrent les gibbons, montagnes majestueuses et secrètes, vallées sages sillonnées de rivières et de klongs, forêts d'hévéas dessinant la voûte d'une cathédrale, grands fleuves nonchalants, savanes austères où meurent les derniers vestiges de l'empire kmer, plages à cocotiers éclatées en poussières d'îles, étangs piqués de lotus... Tout est là, sous le sourire du Bouddha.
Loin de la frénésie de Bangkok, la vie se déroule immuable dans les mubans (communes rurales) de Thaïlande où habite encore 65% de la population. Traditionnellement, le village thaï est toujours organisé autour d'un cours d'eau.

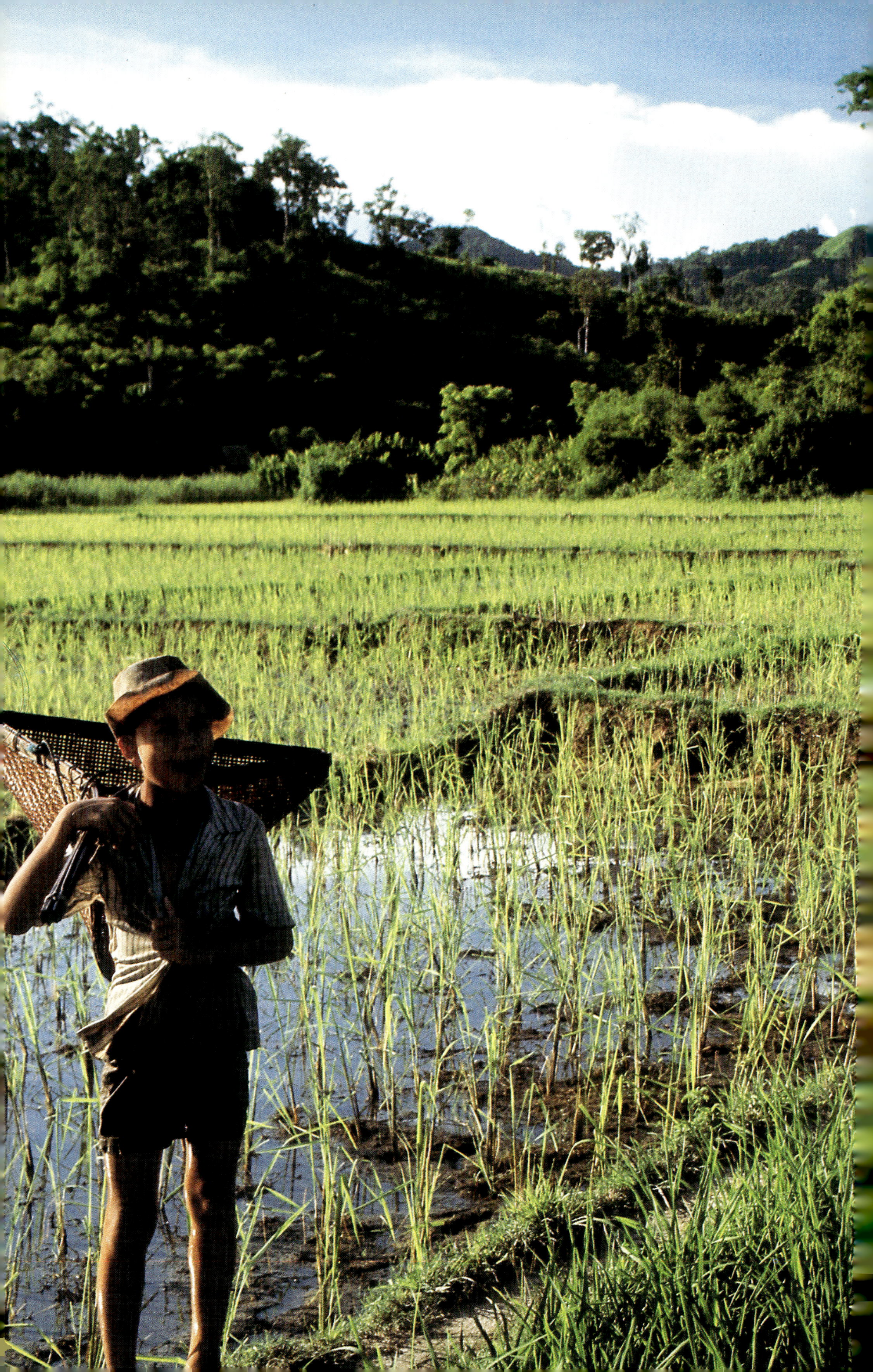

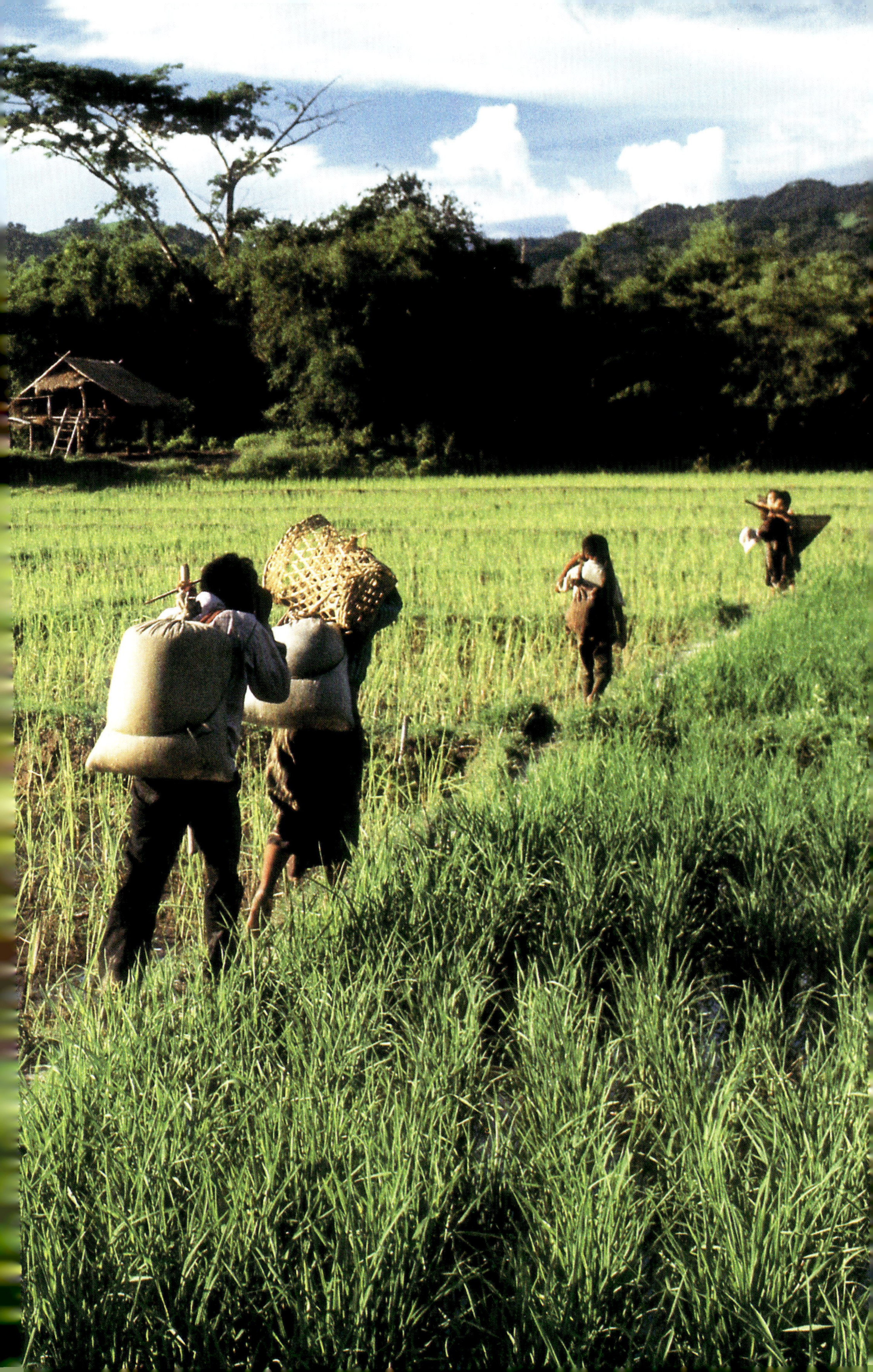

Les maisons sont construites sur pilotis, pour se protéger des inondations et des mammifères, reptiles ou insectes rampants. Ici, la beauté s'appelle rigueur, le confort simplicité : une armature de teck et de bambou, un toit de feuilles, des murs en paille tressée. Au crépuscule, chacun déroule sa natte pour la nuit car, à l'intérieur, il n'y a pratiquement aucun mobilier. Seule coquetterie : un portrait de la famille royale épinglé au mur, à côté d'un calendrier et de la photo du fils parti louer ses services à la bonzerie ou chez un épicier chinois.

La vie s'organise autour du cycle du riz. Tout commence à la fin du mois de Mars, lorsque la chaleur est à son paroxysme. Buffle et laboureur, couple inséparable, tracent les premiers sillons qui recevront les nouvelles graines. Sitôt le riz planté, la campagne devient succession de miroirs, qui à perte de vue, renvoient la lumière du ciel : l'eau a rejoint la rizière par le réseau compliqué des canaux d'irrigation, tracés et entretenus inlassablement depuis des siècles.

Sans les cuisiniers chinois, les canards thaïs pourraient (presque) dormir tranquilles. Hélas pour eux, beaucoup de restaurants, notamment à Bangkok, sont tenus par des passionnés du canard laqué qui vont jusqu'à se délecter de la langue de cette infortunée volaille.

Doucement, les jeunes pousses pointent leurs tiges dans une symphonie vert acide.
Au jour du repiquage, tout le monde est dans les champs : les enfants abandonnent l'école, les femmes désertent le marché, les hommes prennent le ton de commandement qu'appellent les grandes occasions. Courbé dans l'eau, chacun rassemble les pousses en bottes serrées, prêtes pour le repiquage. Jusqu'à la moisson, le temps paraîtra bien court pour reposer les corps meurtris, mais la fête est au bout de la rizière.
La fin de la saison des pluies ramène à la ferme les jeunes gens entrés au monastère pour une retraite provisoire. Tandis que repoussent leurs cheveux et leurs sourcils rasés selon la règle, le riz arrive à maturité. Les moissons sont frénétiques et joyeuses, tissées de romans d'amours adolescentes qui sentent le soleil et la sueur. Il reste encore à sécher le paddy avant d'entamer le battage : le destin de 30 millions de Thaïlandais est scellé, ceux pour qui le riz n'est pas seulement nourriture, mais aussi gagne-pain.

Insouciants et heureux, les enfants traquent le poisson dans les fossés, les mares ou les canaux avec de grands filets en forme de coléoptères géants. Deviendront-ils agriculteurs ou pêcheurs ? La question ne se pose guère en Thaïlande où le poisson est le compagnon inséparable du bol de riz. Le bonheur est là, à portée de la main, ''tant qu'il y a du riz dans la rizière et du poisson dans l'eau''.
La vie des campagnes se nourrit de menus évènements : l'écoute du transistor égrenant les nouvelles d'une autre planète nommée Bangkok, l'entrée du jeune fils au monastère, le marché, les amours, les petites médisances, les fêtes, l'espoir ingénu de gagner à la Loterie Nationale...

Nul n'oublie ses devoirs à l'égard des bonzes du wat. Nul n'oublie, non plus, de flatter les phis, ces esprits invisibles et capricieux qui président à la destinée des hommes. Chaque famille à sa maison d'esprits, temple ou maison miniature perchée sur pilotis, qui reçoit régulièrement des offrandes de fleurs et d'aliments.

Le sel est exploité dans des marais salants autour de Bangkok. De façon à se protéger le visage, les travailleurs portent des masques, de fabrication artisanale, qui leur donnent cet aspect inquiétant. On peut les voir, notamment, entre Samut Sakhon et Samut Songkhran.

Mais les phis ne sont pas toujours généreux. Dans les régions les plus pauvres, comme celle du Nord-Est, la tentation est grande d'aller tenter sa chance à Bangkok, même s'il s'agit, comme dit le proverbe, de ''se sauver du tigre pour rencontrer le crocodile''.

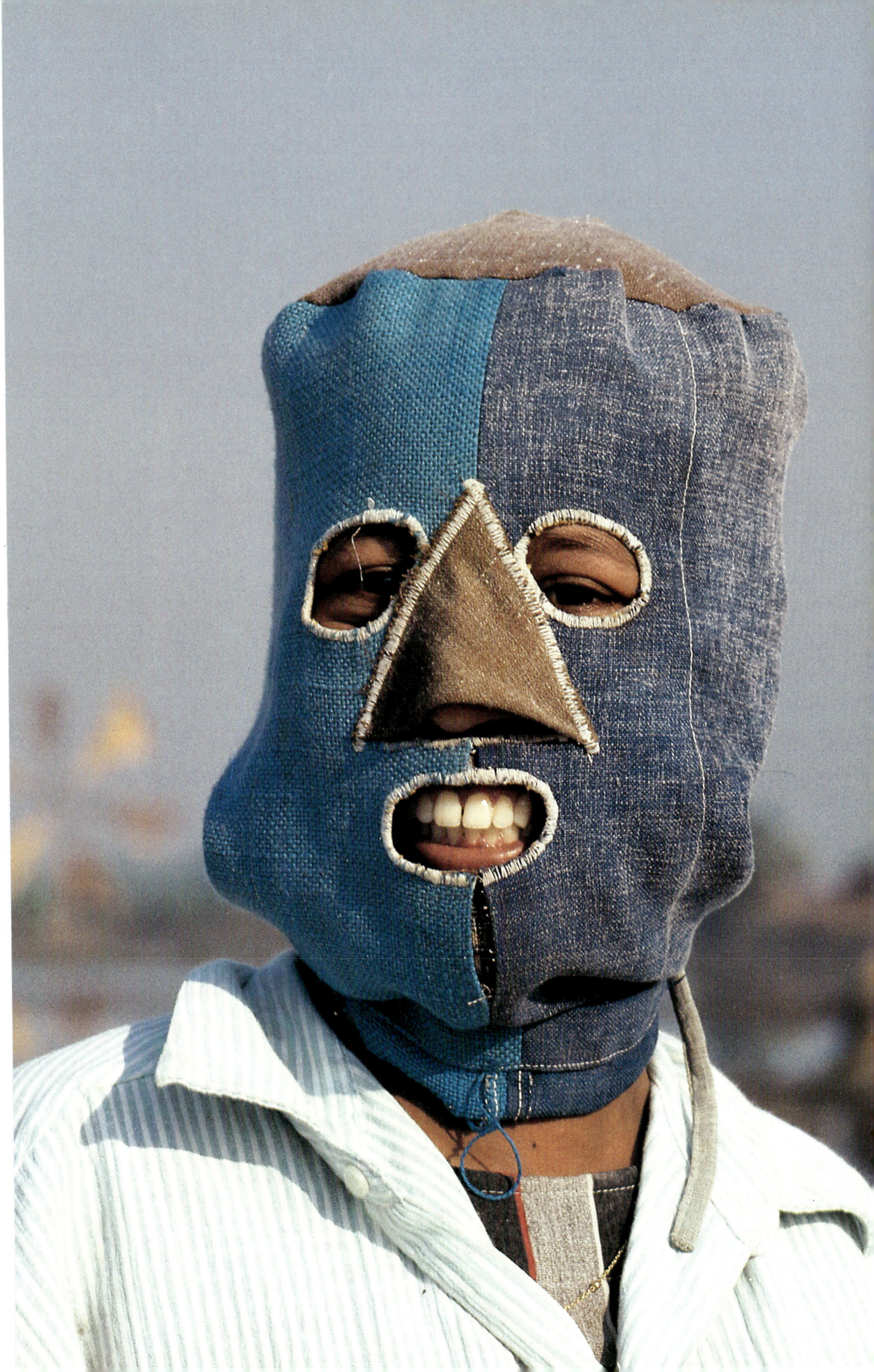

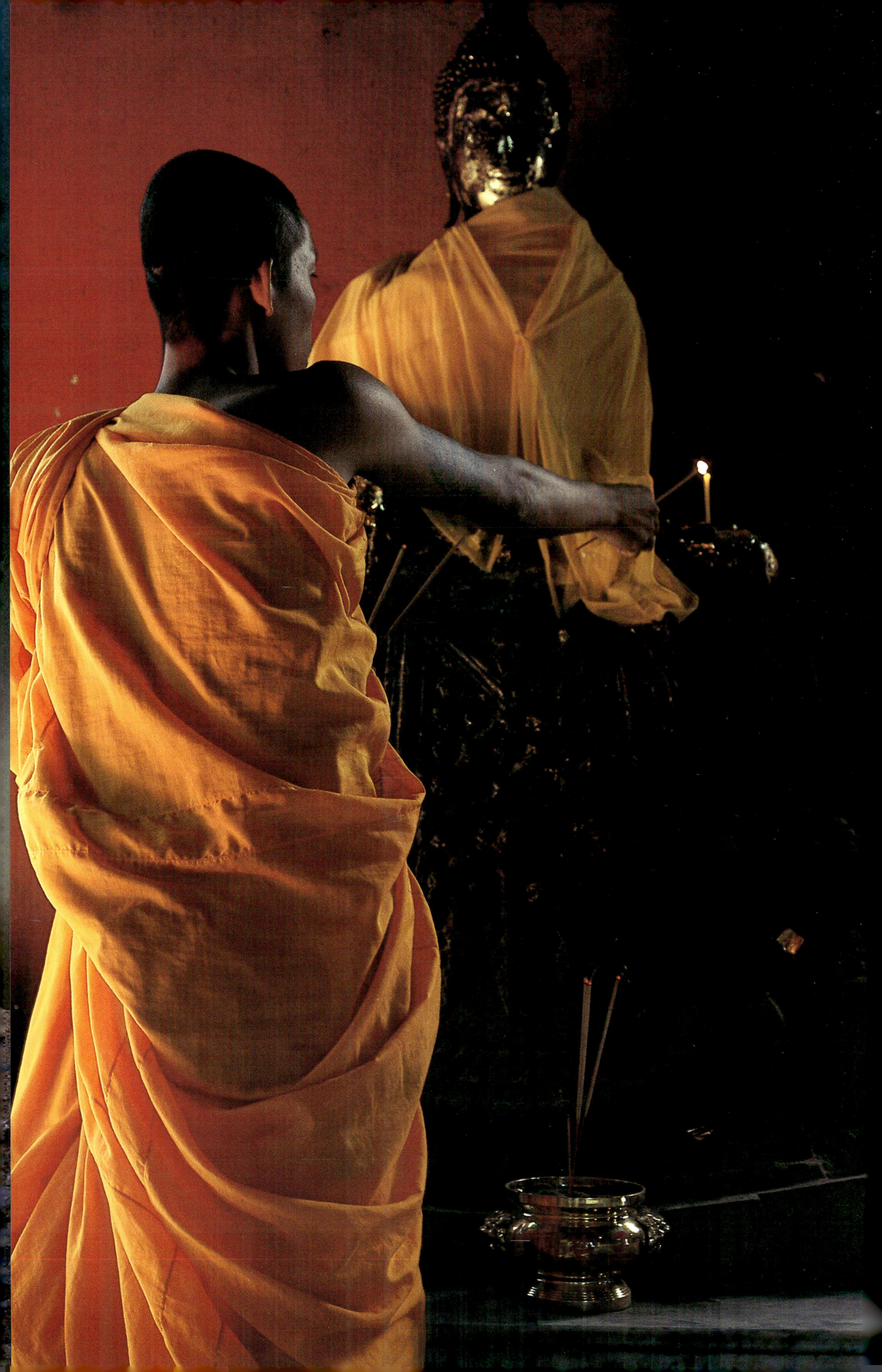

Des bâtons d'encens sont brûlés en permanence dans les temples, en hommage au Bouddha. Certaines statues sont drapées d'une pièce de tissu safran qui rappelle leur caractère sacré. L'ambiance des temples suggère le recueillement et l'on se déchausse toujours pour y pénétrer.

La représentation du Bouddha est strictement codifiée par des marques et des attitudes symboliques, inscrites dans les textes canoniques. On recense ainsi 32 marques principales et 80 marques secondaires, dont le mode d'emploi n'est pas toujours évident : les poils du Bouddha poussent un à un, sa peau est délicatement lisse, il a 40 dents, son goût est suprêmement fin, il a une voix divine comme le chant mélodieux de l'oiseau...

Les attitudes conventionnelles, complétées par toute une gamme de gestes évoquant les différentes étapes de la vie de Bouddha, sont au nombre de 40 dans l'iconographie thaïe. La plus fréquente est celle du héros (virâsâna : jambes repliées l'une sur l'autre). Mais l'on trouve aussi le Bouddha prenant la terre à témoin de son illumination, le Bouddha prêchant son premier sermon, le Bouddha apaisant les querelles familiales, le Bouddha endormi...

Ci-dessus : Chaque jour, au petit matin, les bonzes du wat vont recueillir leur nourriture de la journée auprès de la population. C'est l'occasion, pour les fidèles, d'acquérir des mérites.

Ci-contre et page de droite : L'étude des textes sacrés occupe une grande partie de la journée d'un bonze. Dans les campagnes, le monastère fait encore office d'école publique, ce qui explique les liens très forts entre le village et le wat.

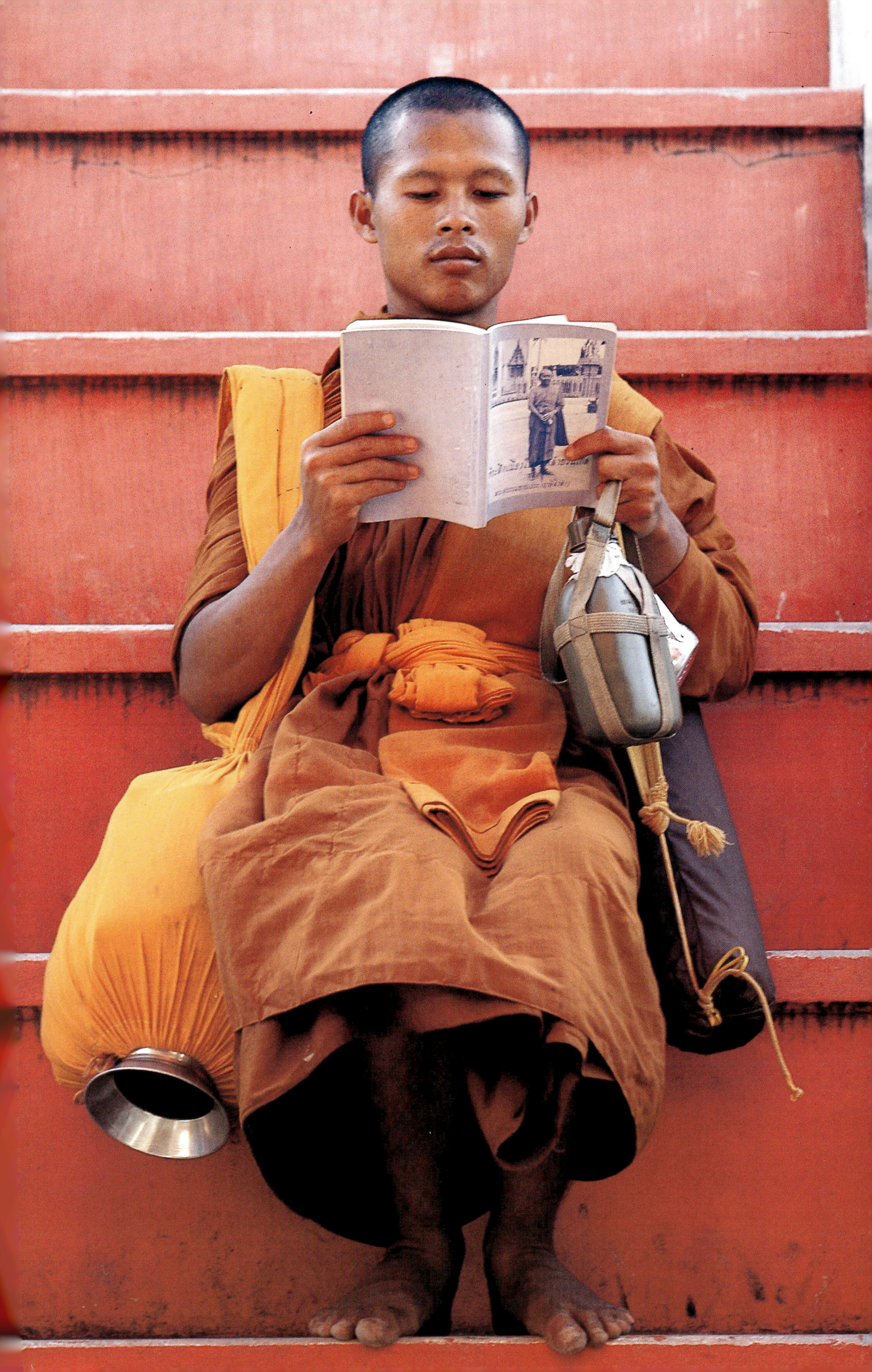

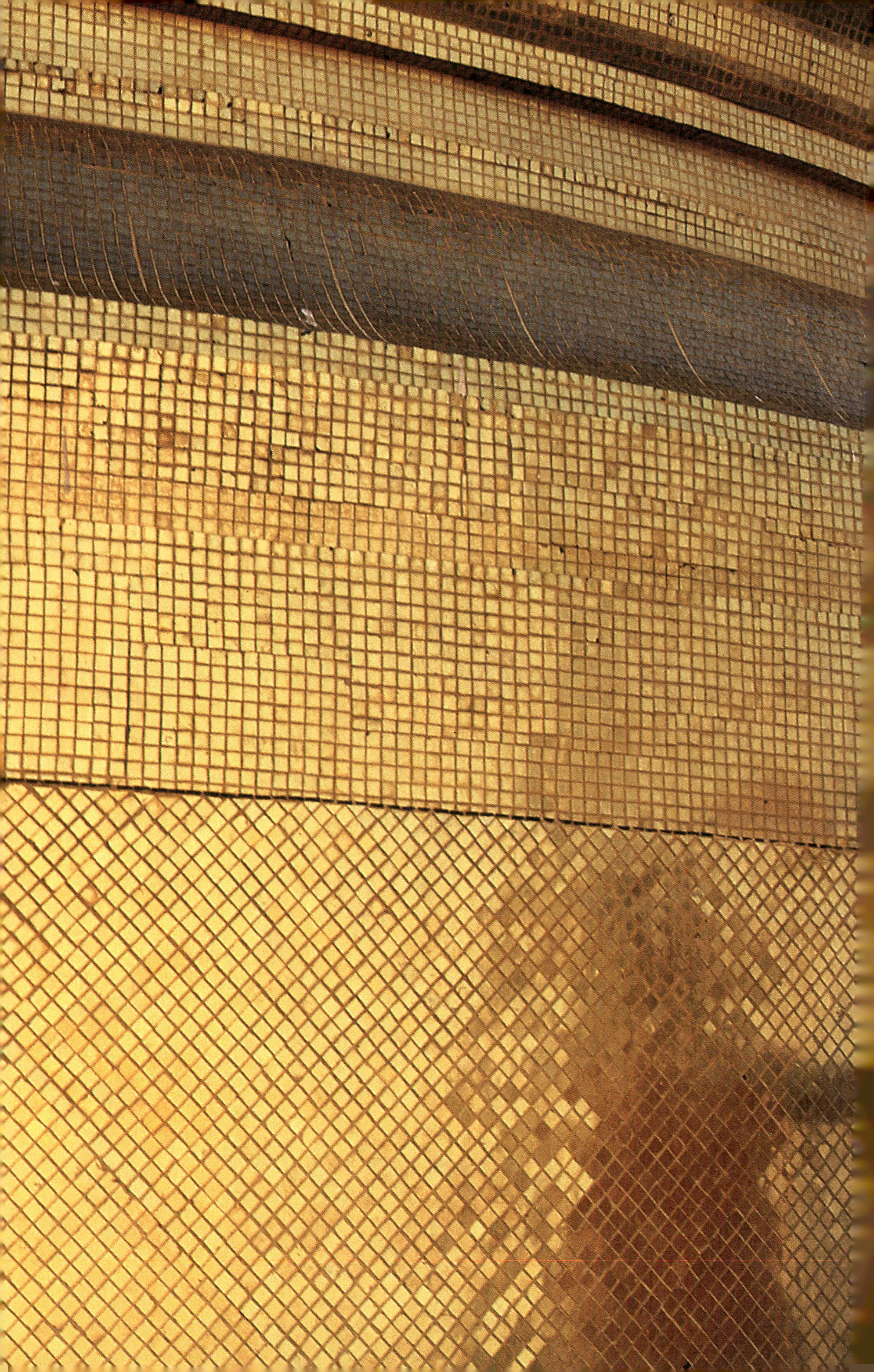

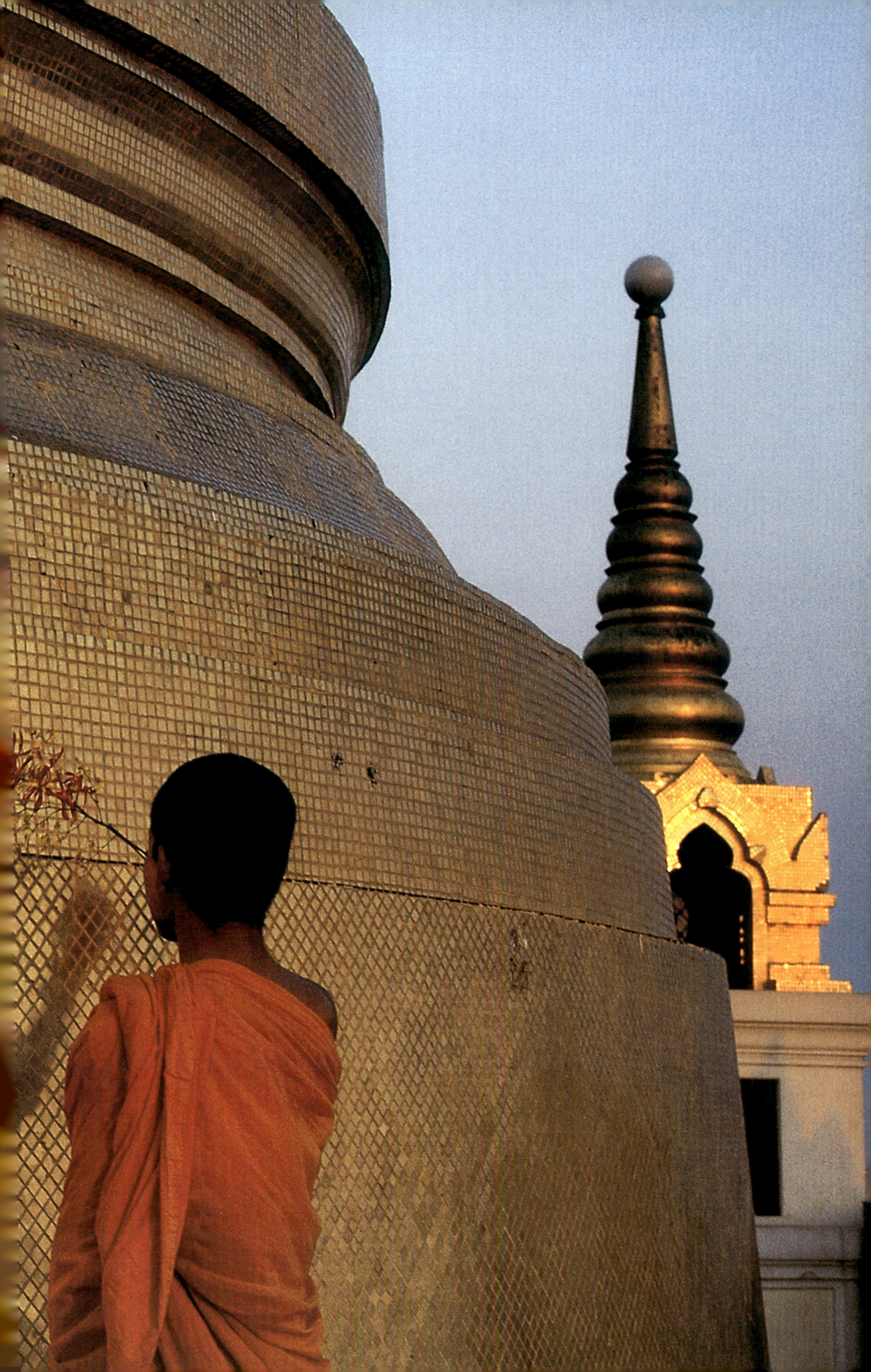

Partout, dans les 26 000 wats que compte le pays, la dévotion et l'harmonie sont de règle. "Penser que quelque chose d'aussi fabuleux puisse exister sur cette morne terre nous comble d'aise", s'exclamait Somerset Maugham devant les temples thaïlandais. Plus qu'un lieu de culte, le wat est une maison du peuple et de la culture. Il fait office d'école, de salle des fêtes, de jardin public, de lieu de rencontre pour les commères. Chaque bâtiment est affecté d'une fonction précise : le bot (chapelle principale), le chedi (reliquaire), le ho rakang (beffroi abritant le gong), la bibliothèque, les quartiers d'habitation des moines, la sala (abri pour les pèlerins)...

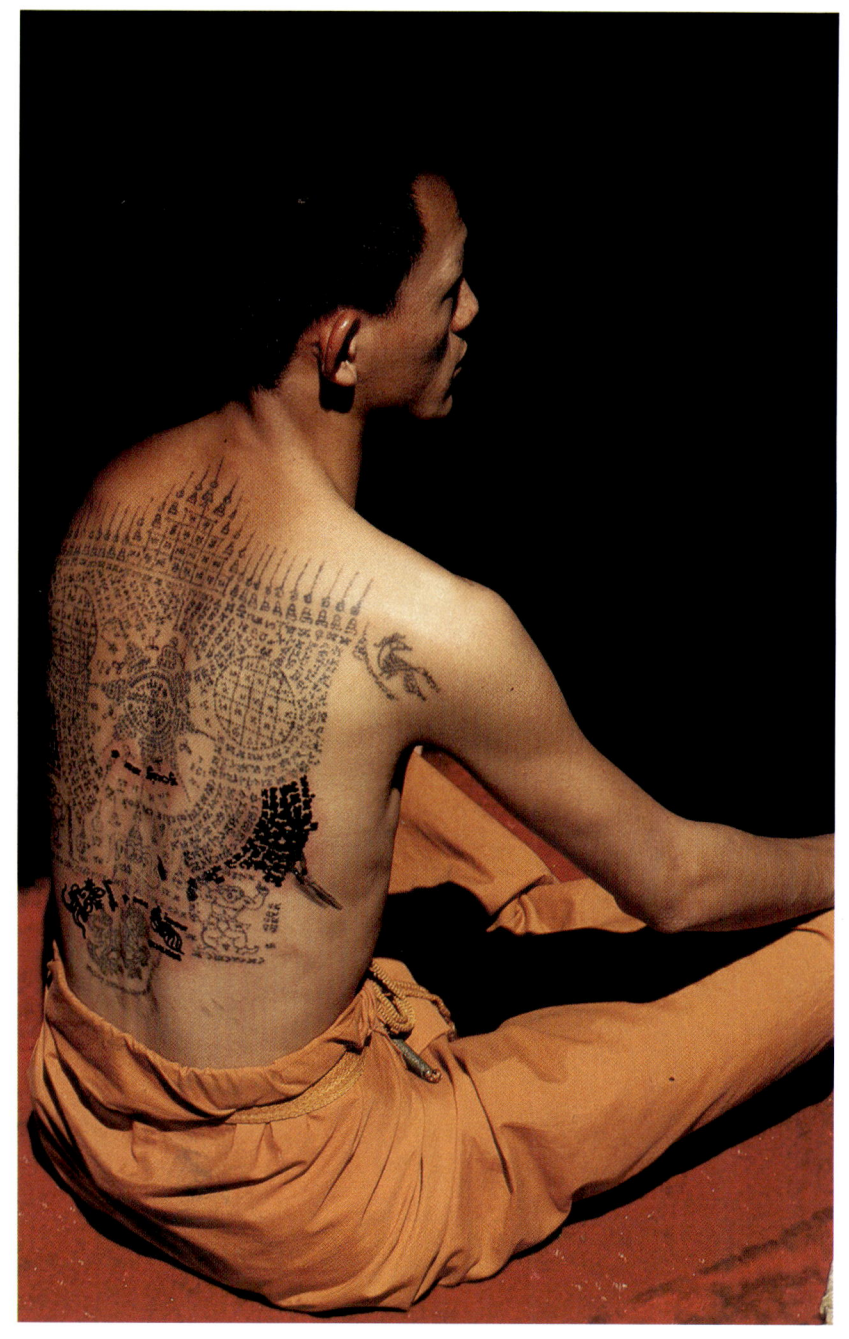

Ci-contre et ci-dessous : Les tatouages ont un caractère sacré. Ils visent à protéger les êtres humains du danger et des forces maléfiques. Les hommes exerçant des professions à risque préfèrent généralement passer par le tatoueur.

A droite : Les bonzes prennent leurs repas en commun dans la sala, pavillon ouvert qui sert aussi de chambre à coucher pour les visiteurs de passage.

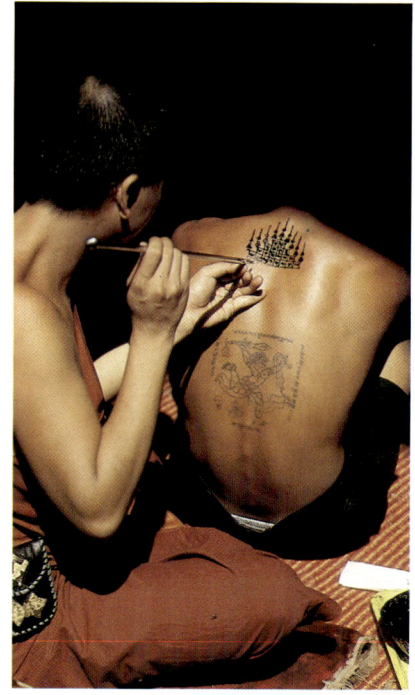

Dans l'enceinte, une kyrielle de bonzes déambule, médite, étudie, psalmodie, fume, lave son linge, jardine. Ils sont près de 13 000, en Thaïlande, à porter la robe safran pour la vie ou pour quelques mois seulement. Chaque homme bouddhiste pratiquant est, en effet, astreint à une ordination temporaire, pour parfaire son éducation religieuse et attirer des mérites sur les siens : c'est la "retraite des pluies" (qui a lieu pendant les mois de mousson).

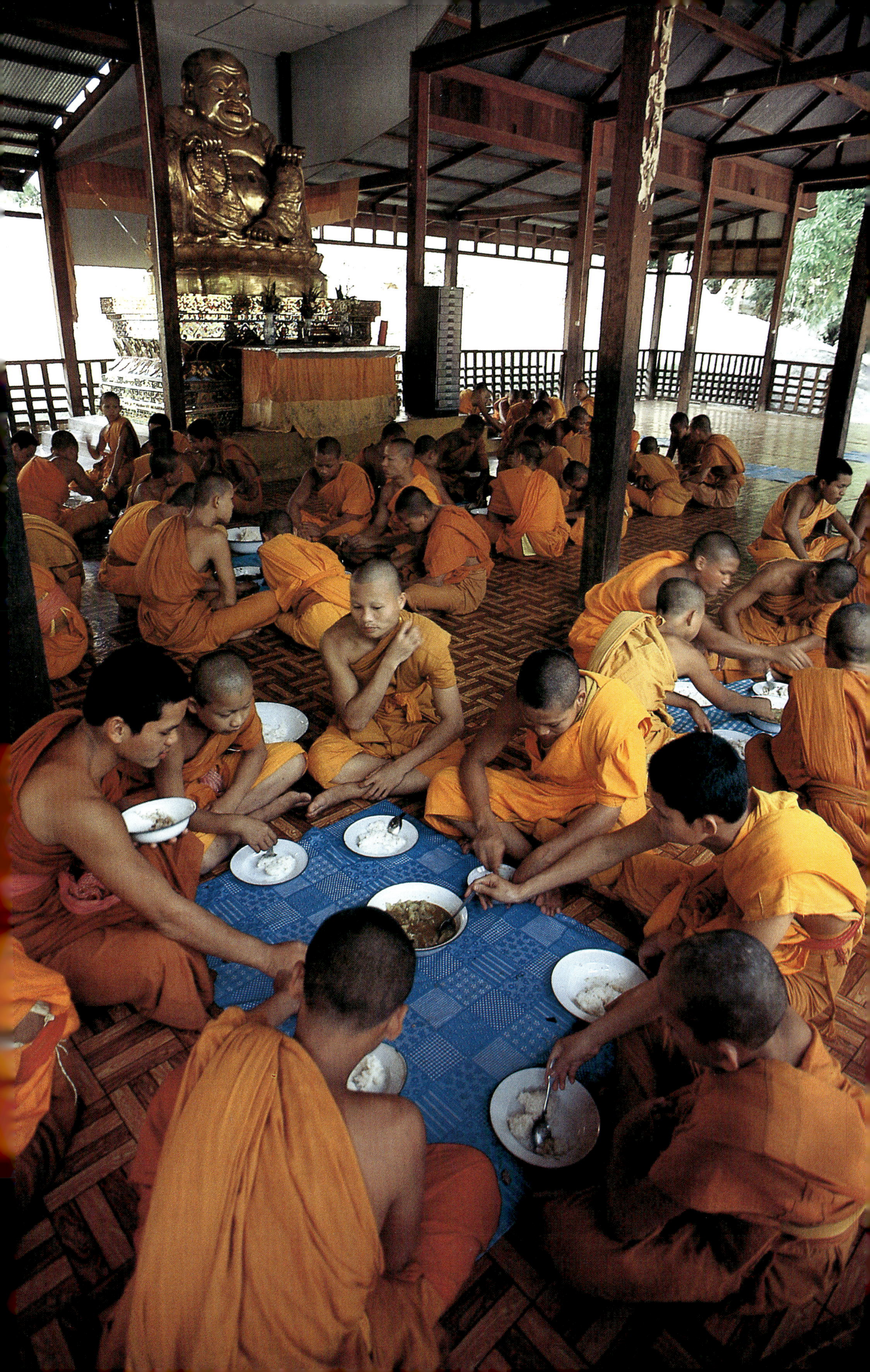

La vie monacale est régie par 227 règles. Le novice s'engage à respecter la vie sous toutes ses formes (y compris les insectes), à ne pas mentir ni voler, à rester chaste, à ne pas détenir d'argent personnel. Mais une fois ceci acquis, le malheureux n'est pas au bout de ses peines : il lui est interdit de humer les fleurs, de brûler du bois, de se parfumer, de siffler ou de chanter, de dormir dans un lit douillet, de toucher de l'argent, de s'asseoir en allongeant les jambes, de jouer... On pourrait continuer longtemps la triste litanie !

Il va de soi que les bonzes font vœu de pauvreté. Leur seul bien se limite à trois tuniques, un bol à aumônes, une aiguille, une ceinture et une passoire (pour éviter l'absorption malencontreuse d'une créature vivante).

La population se doit de nourrir ses moines qui sont aussi, souvent, ses enfants. En contrepartie, le sangha (communauté monastique) veille sur l'harmonie de tous. Les bonzes soignent les corps et les âmes et évoluent avec une sérénité sidérante aux portes du XXIe siècle. Rien ne les étonne, surtout pas d'être sollicités pour chanter des grâces à l'inauguration d'une nouvelle banque.

Ci-dessus : Le wat est un univers essentiellement masculin. De rares femmes, souvent veuves ou blessées par la vie, s'y retirent. Elles sont vêtues de blanc et se rasent les cheveux.

A droite : L'ordination des novices peut revêtir un caractère spectaculaire comme à Mae Hong Son, près de la frontière birmane. Après trois jours de parade dans un costume princier, ce petit garçon deviendra bonze.

Double page suivante : Dans le centre de méditation de Dhammakaya, près de Bangkok, des laïcs viennent passer une retraite studieuse.

61

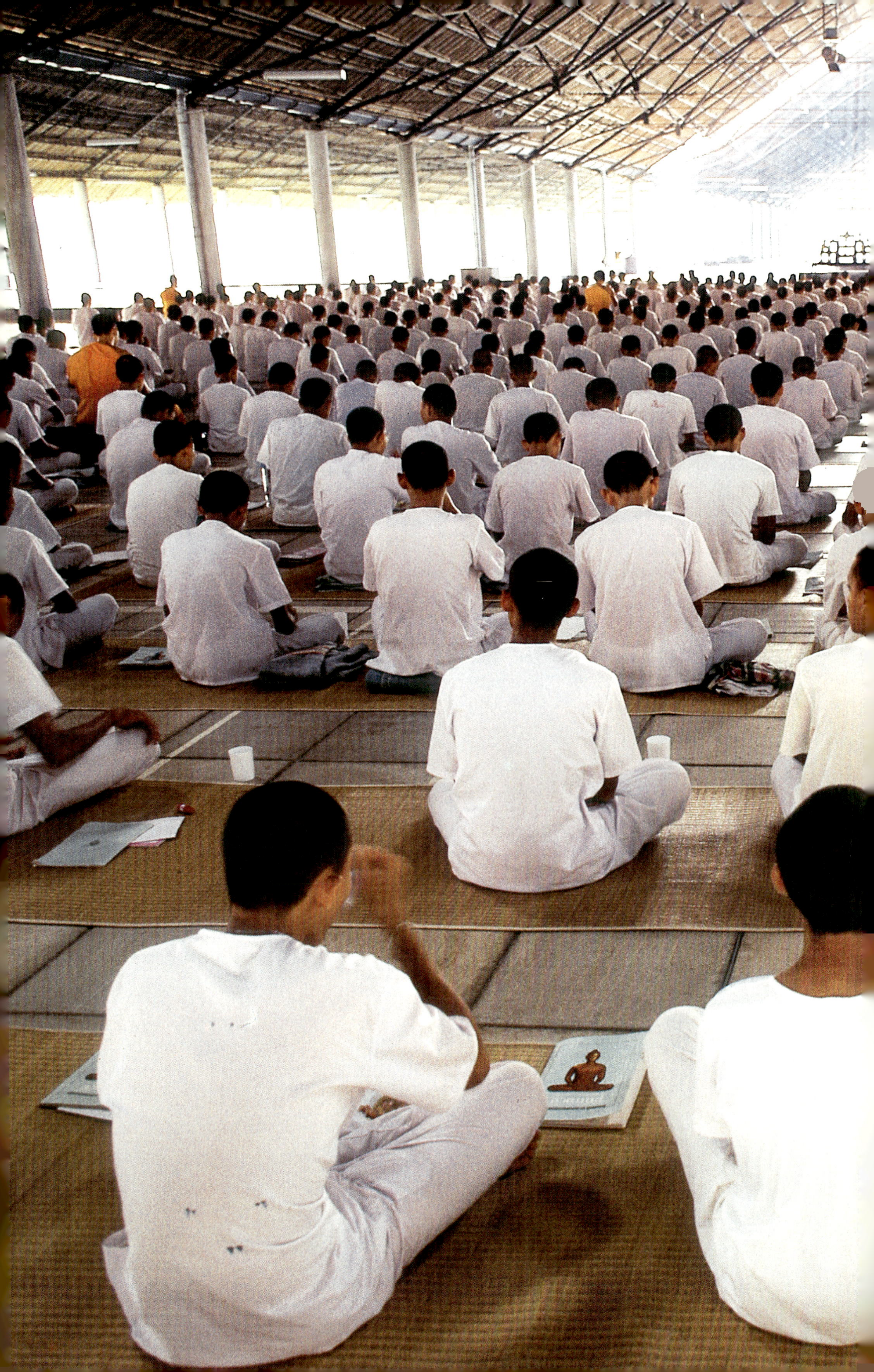

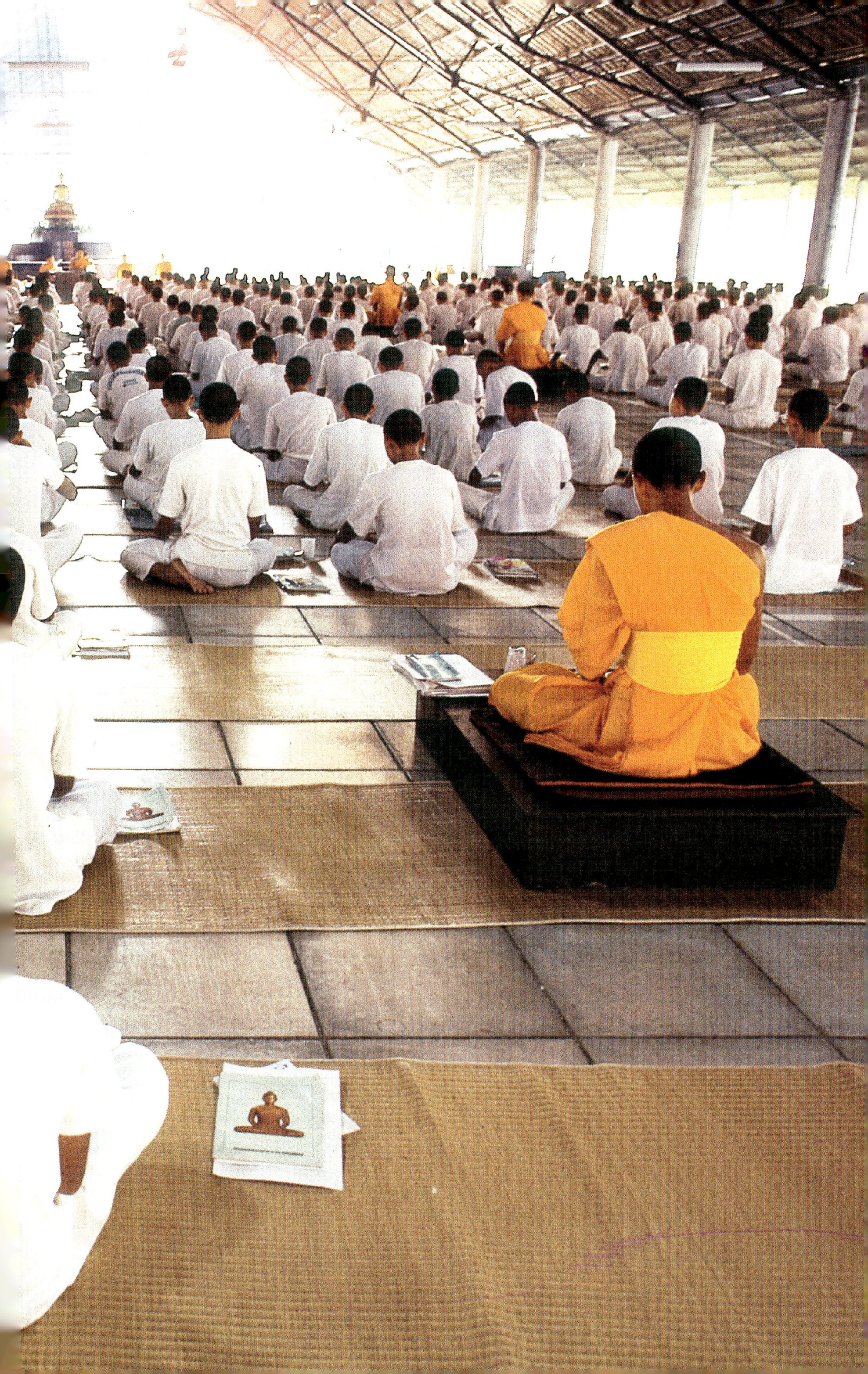

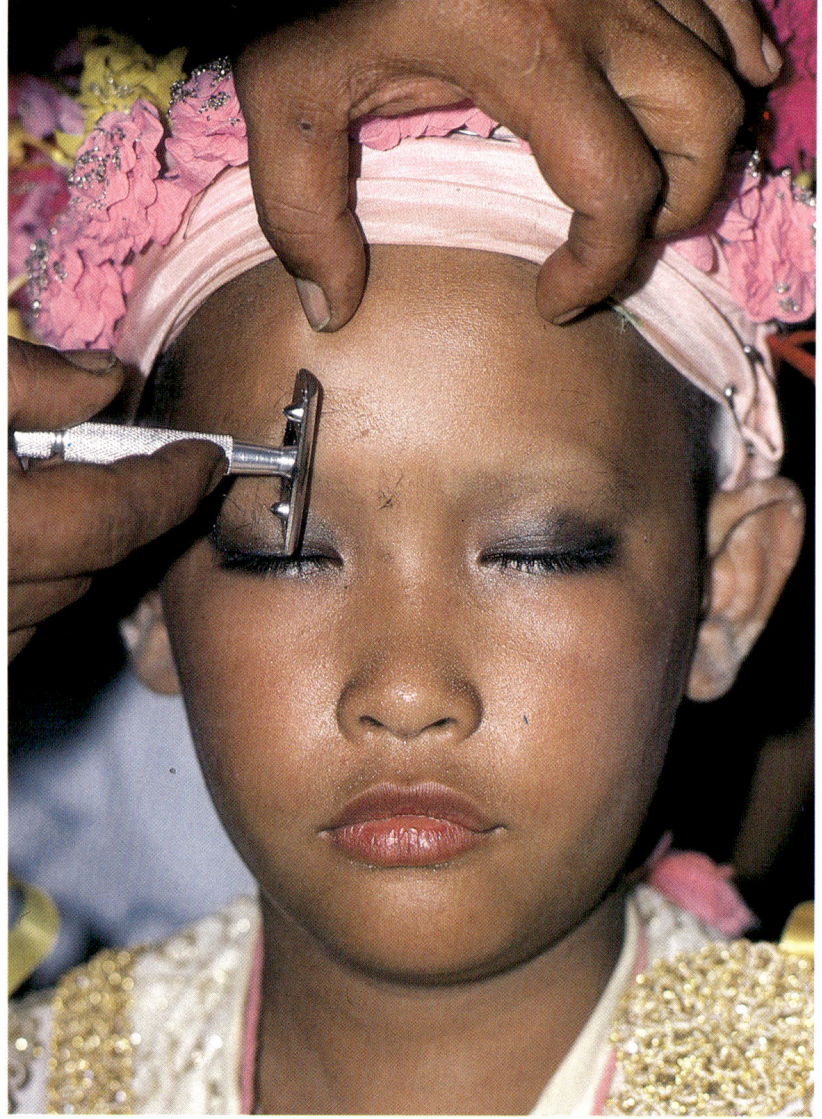

La fête du Poï Sang Long qui se déroule à Mae Sariang avant la saison des pluies marque l'ordination provisoire des novices. Les postulants sont promenés dans la ville trois jours durant, portés à dos d'homme. Ils ne mettent pied à terre que devant le temple où ils troqueront leur habit de lumière contre la robe safran, après s'être fait raser cheveux et sourcils.

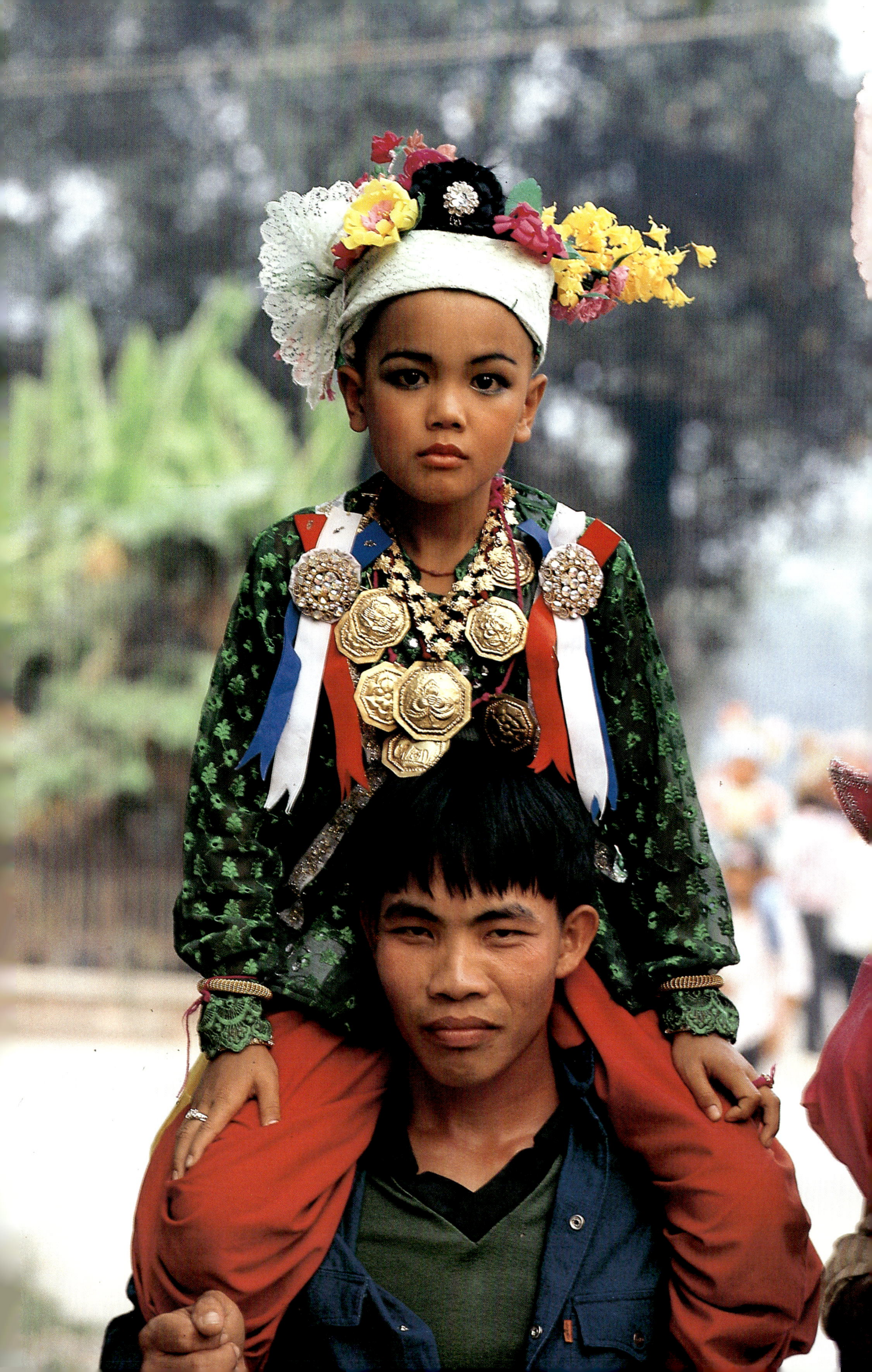

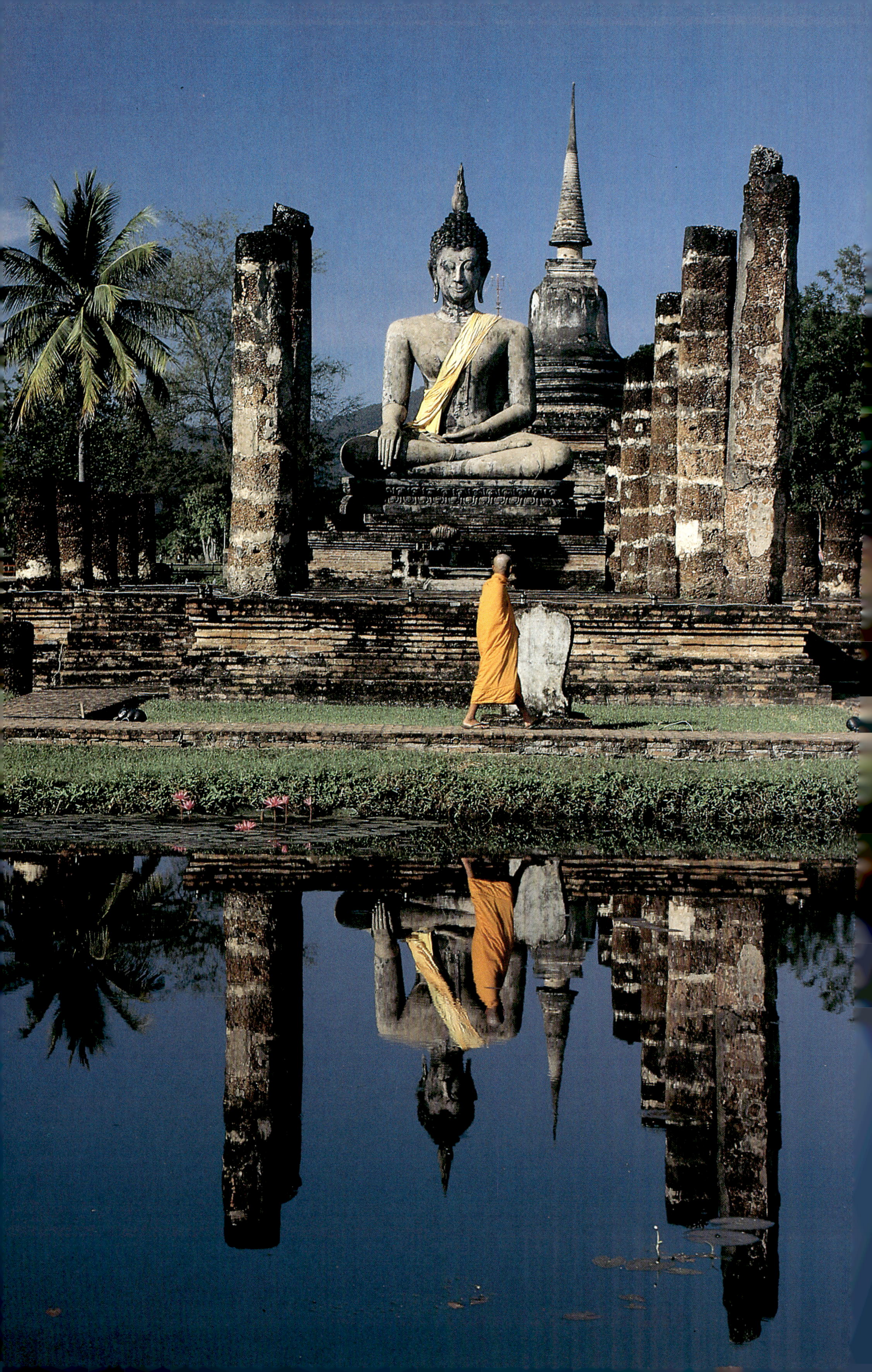

Les bâtisseurs d'empires

*N*otre bon roi Saint-Louis ne se doute de rien. A l'heure où il trie sous son chêne les bons et les méchants, il se passe bien des choses très loin, sous les banyans et les frangipaniers : le premier état siamois est en train de naître à coups de charges à dos d'éléphants. Sukhothaï, en pâli "l'aube de la félicité", surgit de la jungle avec ses palais, ses pagodes, des bouddhas dotés d'une grâce aérienne, ses pièces d'eau fleuries de lotus, sa cour brillante, ses artisans, ses paysans heureux.

Nous sommes en 1238, à 466 km au nord de Bangkok qui n'est encore qu'un minuscule village anonyme. Angkor est en plein déclin et les Thaïs, peuple de riziculteurs descendu lentement du Sud de la Chine, en ont assez de la domination khmère.

Pour la région, cette période appartient à l'histoire récente, si l'on réalise que ce coin du sud-est asiatique fut le berceau de la civilisation de l'âge de bronze la plus ancienne du monde, datant de 5 600 ans. Mais sautons allègrement les siècles : si Sukhothaï est si importante pour les Siamois, c'est qu'elle marque l'émergence d'une nation dans un pays qui n'était, auparavant, que la juxtaposition de petits royaumes menant des guerres incessantes les uns contre les autres.

Mais la guerre n'est pas le seul passe-temps des rois et des seigneurs. Ils aiment être vêtus de soie, manger dans de la vaisselle fine, vivre dans de vastes palais égayés par les rires des courtisanes, s'entourer de temples abritant des bouddhas d'or ou de bronze, de jaspe ou de pierre.

Chaque royaume a apporté sa contribution à l'histoire de l'art de ce pays : Dvaravati (VIe-XIe siècle) où prédomine l'influence indienne ; Srivijaya (VIIIe- XIIe siècle), né en Indonésie pour remonter jusqu'au sud de la Thaïlande ; Lopburi (VIIe-XIVe siècle), d'inspiration khmère ; Lan Na (XIIe-XXe siècle), propre au nord de la Thaïlande, marqué par la Birmanie et le Laos ; U Thong (XIIe-XVe siècle), de caractère plus spécifiquement thaï... Le style de Bangkok (dit Rattanakosin) fait figure de nouveau riche, puisqu'il ne date que de deux siècles.

Ci-contre : A Sukhothaï, le Bouddha du Wat Sra Si se reflète dans l'étang aux lotus. L'ancienne capitale de Sukhothaï (1257-1379) est un des sites historiques majeurs de Thaïlande.

En haut, à droite : Ce bas-relief présenté au musée de Pimaï, de style Lopburi, symbolise l'accession au nirvana, avec ses bouddhas en méditation ayant déjoué les tentations de la chair, symbolisées par des danseuses diaboliques.

Sukhothaï connaît son apogée sous le règne du roi Rama Khamheng (1275-1317) qui inventera l'écriture thaïe et une certaine idée du bonheur : "Bienheureuse est la cité de Sukhothaï : l'eau regorge de poissons, le riz abonde dans les champs... Libre à tous de faire le commerce des éléphants. Libre à tous de faire le commerce des chevaux..." Dans ce paradis, on ne paie pas d'impôts et l'on demande audience au Roi en personne pour parler de ses petits problèmes. C'est trop beau pour durer.

Quand meurt le grand roi, le royaume éclate en plusieurs états. A la fin du XIVᵉ siècle, Sukhothaï devient un état vassal d'Ayutthaya, où veillent des princes aux dents longues, à 400 km en aval de la rivière Chao Phaya.

En haut, à gauche : Les feuilles d'or appliquées sur les bouddhas sont si minces qu'il faut des années pour recouvrir la statue.

Ci-dessus : Ce chandelier, en forme de barge royale, reçoit les cierges offerts par les fidèles.

A droite : Ce colossal Bouddha assis du Wat Si Chum, à Sukhothaï, fait 15 mètres de hauteur. Un escalier dissimulé dans le mur permet d'atteindre sa tête.

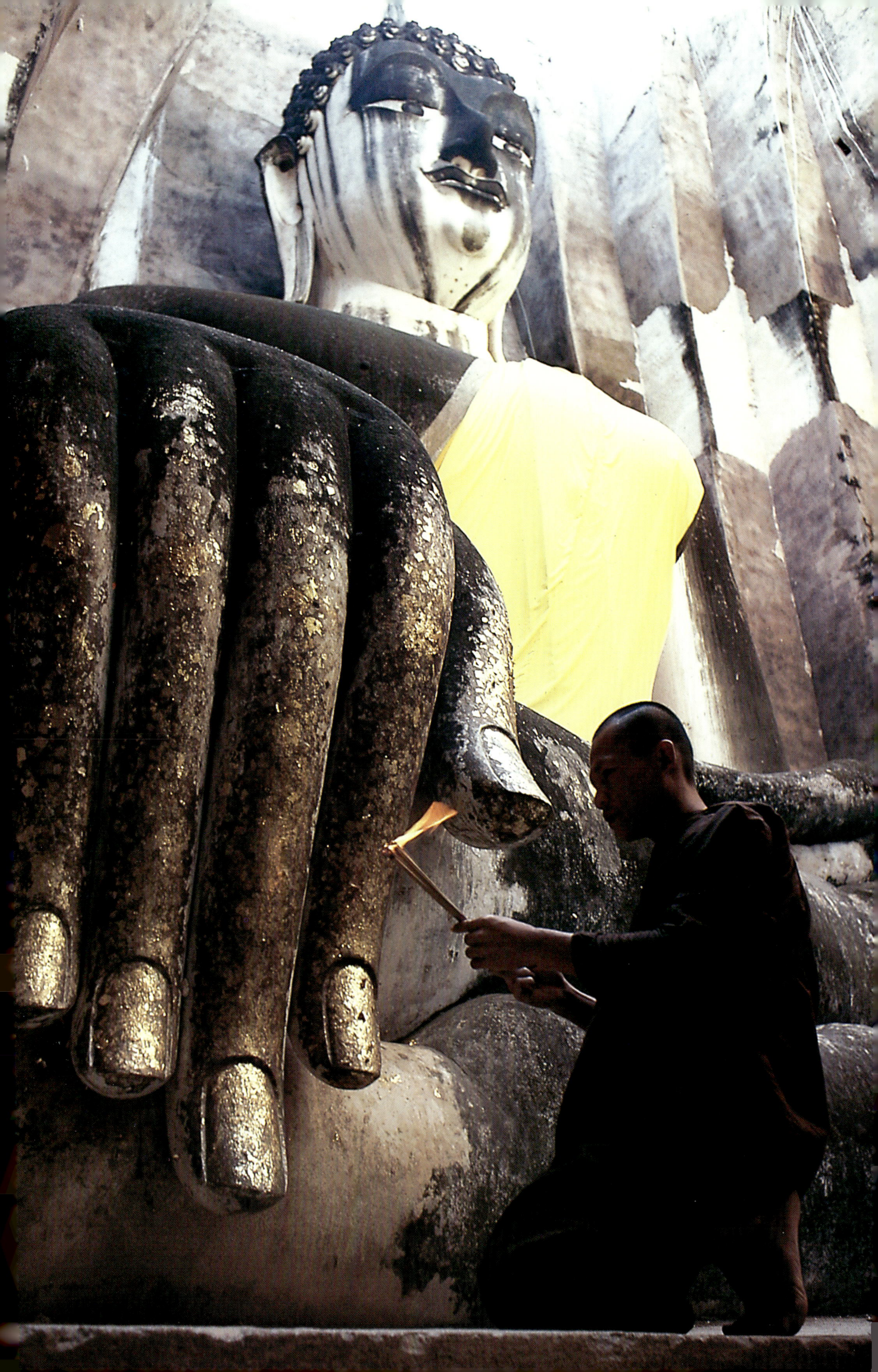

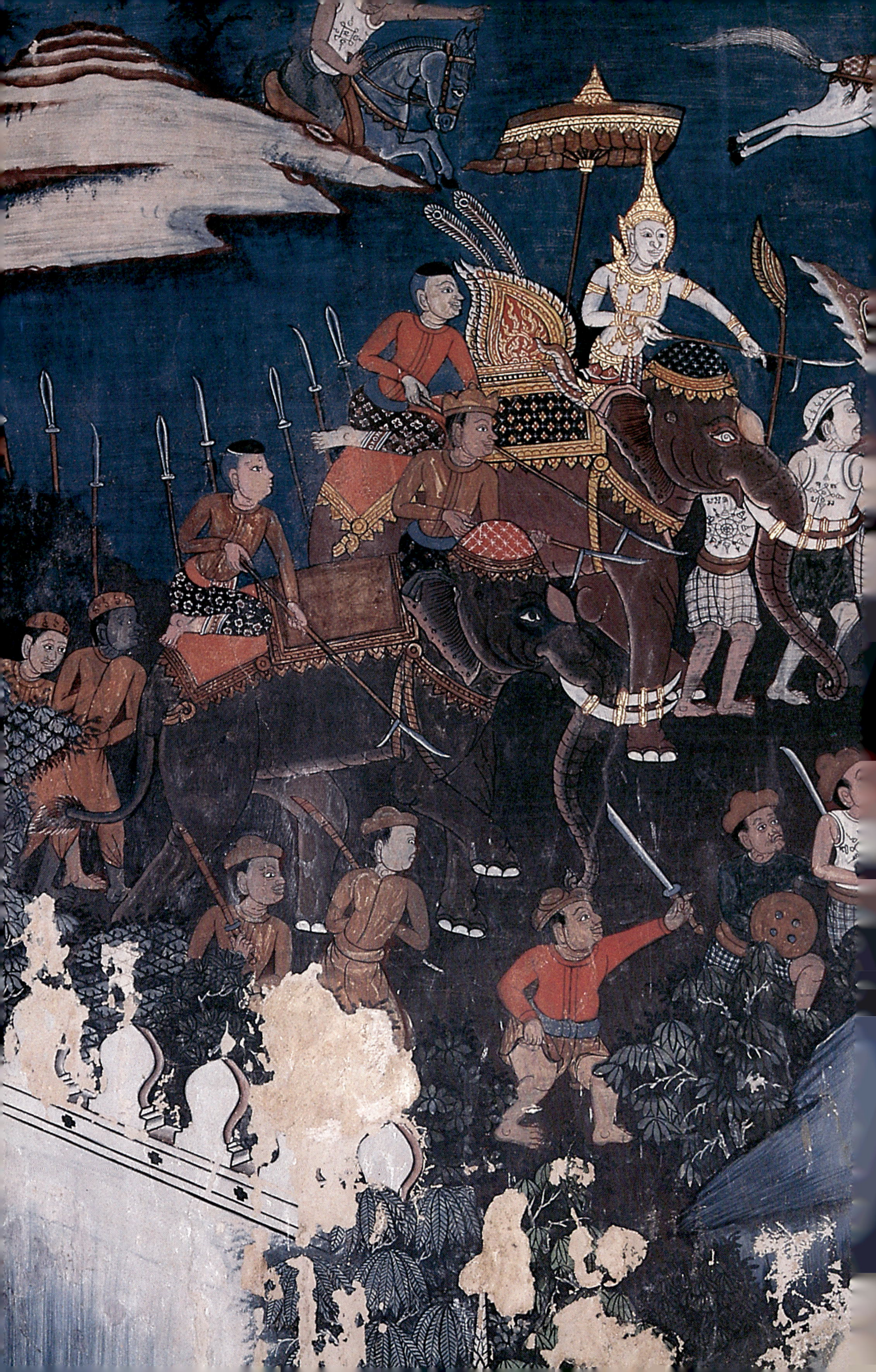

La cité aux trente-trois rois n'aura rien à envier à Sukhothaï. Avec elle, l'ancien Siam connaît son âge d'or : architecture, sculpture, peinture, littérature contribuent au luxe de la cour.

La ville d'Ayutthaya, qui comptera jusqu'à un million d'habitants, est une mégapole cosmopolite abritant des milliers d'étrangers, des églises portugaises et françaises, une colonie japonaise. Louis XIV y enverra une ambassade, sous le règne du roi Naraï (en 1662), menée par l'élégant Chevalier de Chaumont qui dut, plus d'une fois, regretter sa perruque et ses lourds vêtements de brocart.

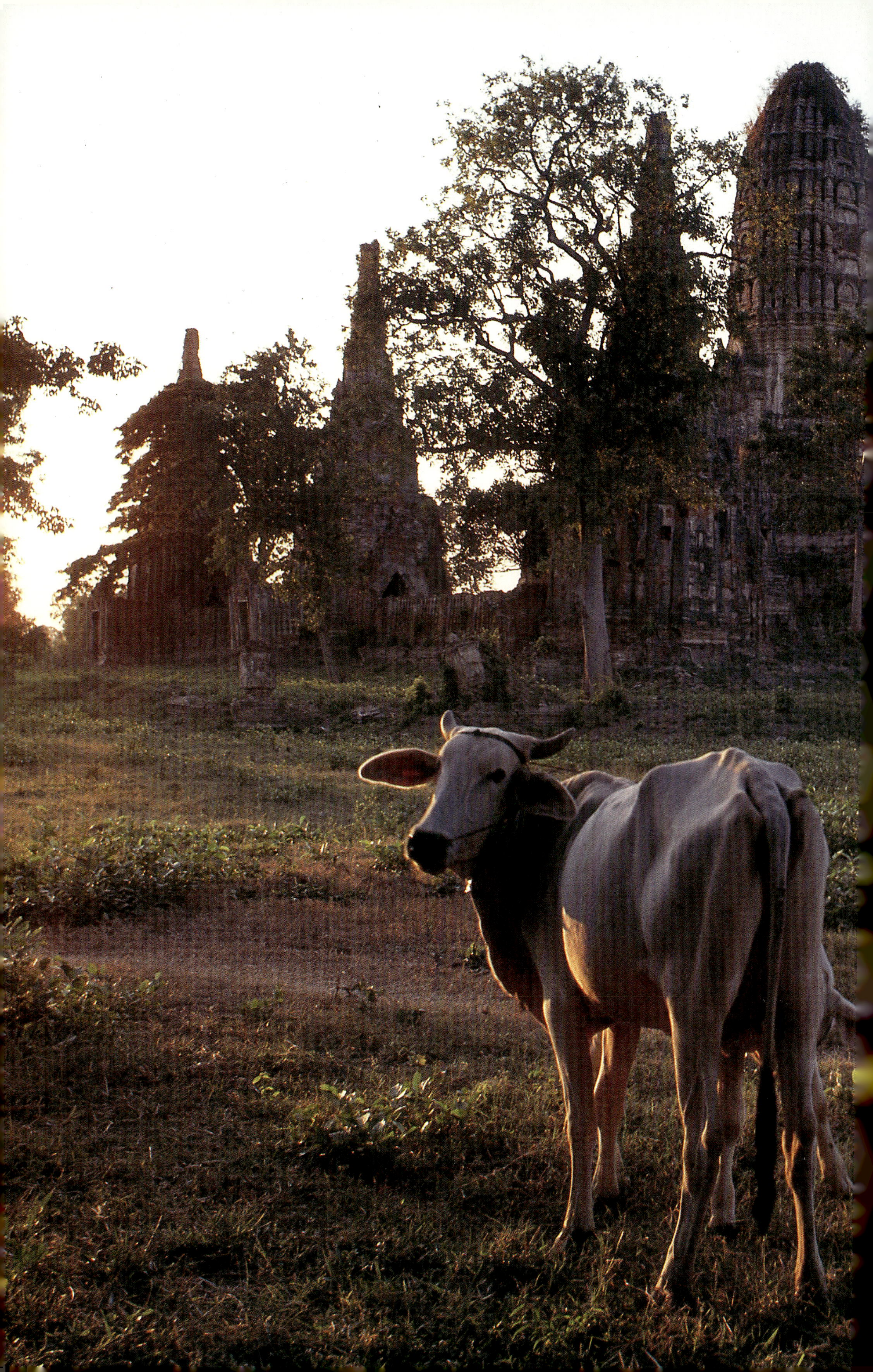

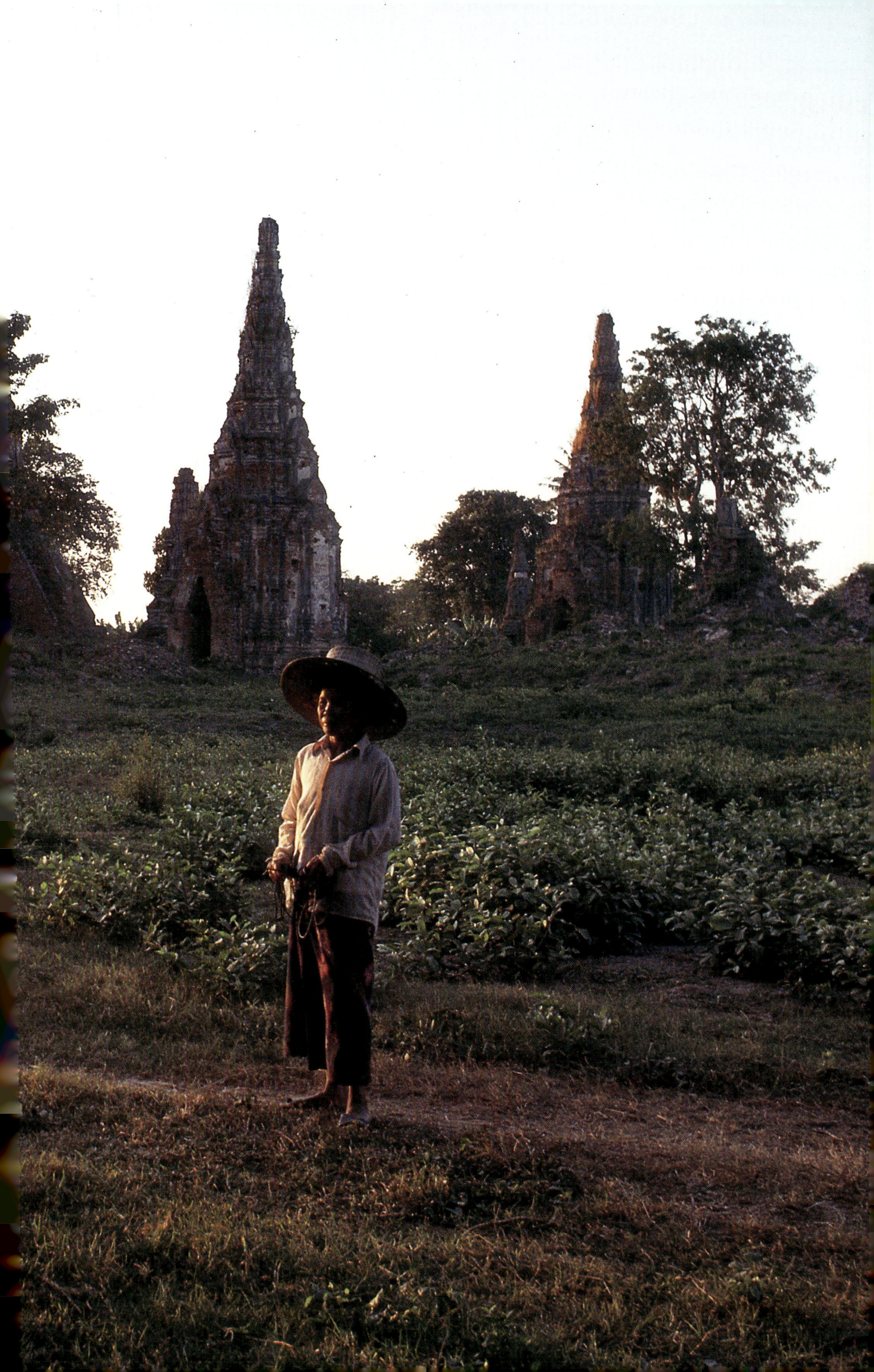

Mais derrière les fastes de la cour, il y a toujours l'ombre maléfique des champs de bataille : le royaume mène des guerres incessantes contre les Khmers et les Birmans. En 1767, après deux années de siège, Ayutthaya s'effondre devant les armées birmanes. La ville est saccagée, ses trésors brûlés, la désolation habite à jamais la cité radieuse. Les Thaïs ne pardonneront jamais aux vainqueurs l'impitoyable destruction de leur capitale.

Deux ans après la fin tragique d'Ayutthaya, les Siamois retrouvent un roi et une capitale éphémère, Thonburi (située en face de Bangkok, sur la rive droite du Ménam).

En 1782, un nouveau roi traverse le fleuve pour s'installer à Bangkok, fondant la dynastie Chakri sous le nom de Rama 1er. Les fastes sont de retour et, peu à peu, tandis que se reconstitue le patrimoine artistique du Siam, le pays entre progressivement dans l'ère moderne, gouverné par des souverains avisés qui sauront toujours éviter à leur peuple la honte de la colonisation.

A gauche : Cette porte du temple de Pimaï, dans l'Est de la Thaïlande, illustre la rigueur monumentale de l'architecture khmère.

A droite : Le temple de Muang Tham, dans la province de Buri Ram, a été construit entre le Xe et le XIe siècle dans le style classique d'Angkor. Il fut édifié pour servir de palais à un roi khmer.

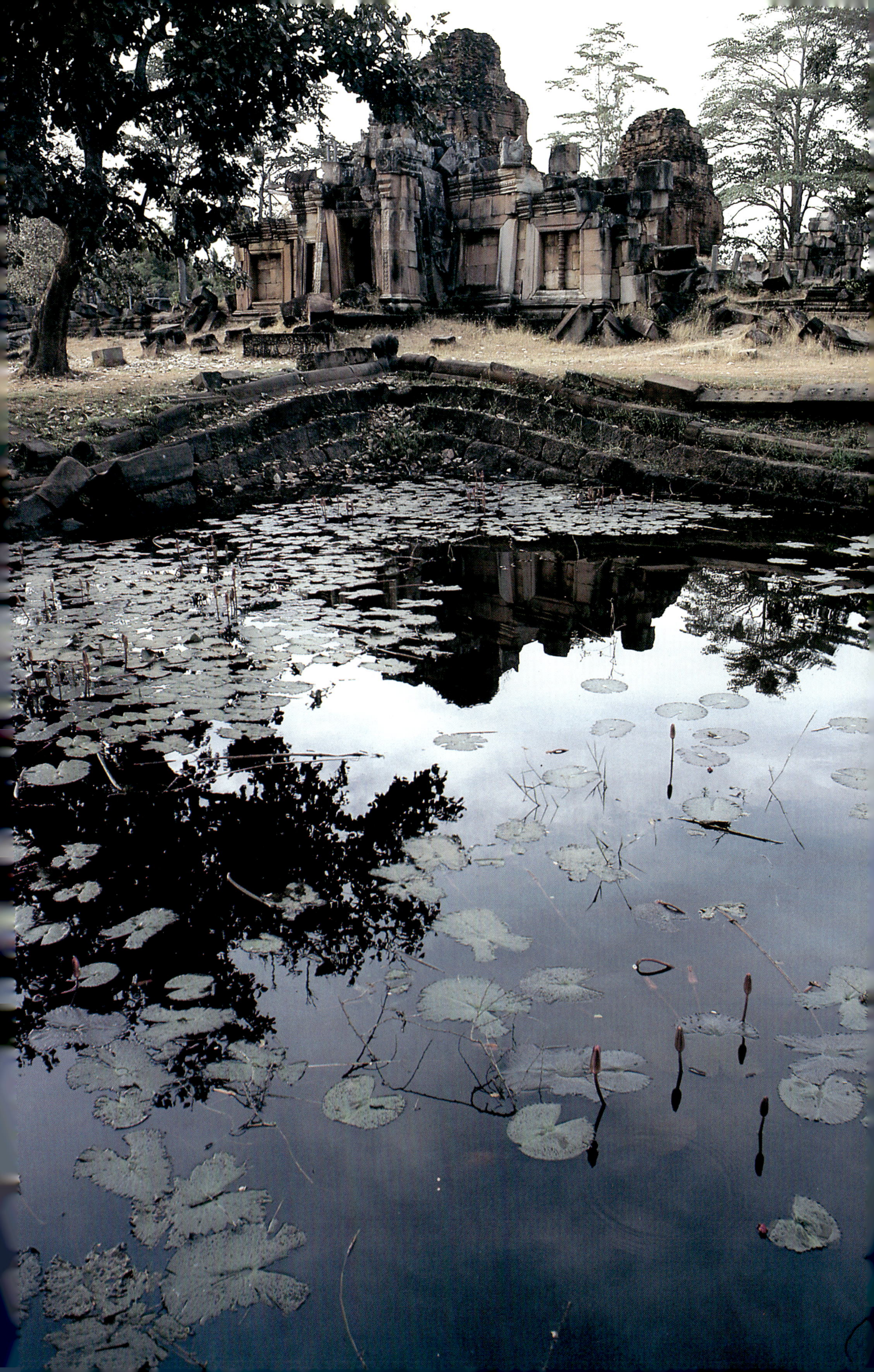

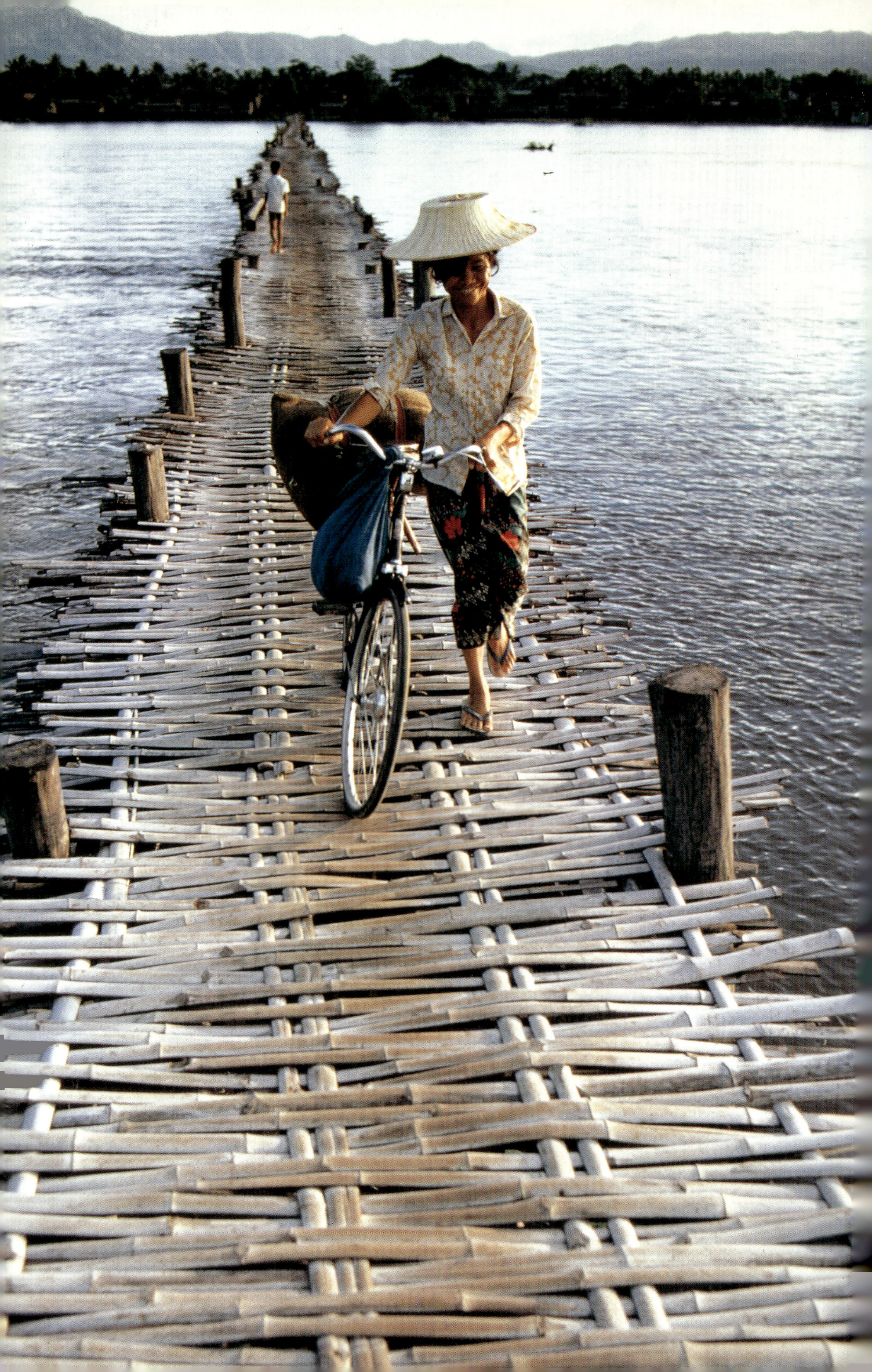

Des éléphants dans la montagne

*A*rtisans, éléphants, riz gluant : la Thaïlande du Nord a sa triologie. Région de montagnes amples et mystérieuses, sa singularité a résisté à l'unification du royaume. Son Triangle d'Or, carrefour des trois frontières de la Thaïlande, de la Birmanie et du Laos, fait briller d'excitation les yeux des derniers aventuriers de l'Asie secrète. Le Nord cultive les superlatifs comme d'autres régions la rizière ou le cocotier : les plus belles filles, les plus beaux temples, les meilleurs artisans, les fêtes les plus séduisantes, les paysages les plus majestueux, les populations les plus étranges...

Pour quitter Bangkok et partir à la découverte du Nord, la rivière Chao Phaya offre la transition la plus douce. En trois heures de bateau, on est à Ayutthaya, la cité des trente-trois rois, cernée par les eaux comme elle le fut jadis par les guerriers birmans. C'est le début d'une promenade mélancolique et palpitante qui mène de la route du buffle à la piste des éléphants.

Aux buffles les rizières, aux éléphants les forêts. Les anciennes capitales déchues montent la garde sur l'invisible frontière qui sépare le Nord de la plaine centrale : Kamphaeng Phet, Sukhothaï et Sri Satchanalaï. Si la jungle leur a laissé la vie sauve, Bouddha y est sûrement pour quelque chose. Car ici, la nature se plaît à régner sans partage.

Passé Chieng Maï, les routes de traverse mènent toujours nulle part, butant sur des frontières closes que seuls trafiquants et guerilleros se risquent à franchir. La montagne est le domaine des tribus, la forêt celui des éléphants. Les rivières Ping, Wang, Yom, Nan, Kok, dont les noms mériteraient d'inspirer une comptine asiatique, ont tracé des vallées fertiles où les fraises ont rejoint les produits d'un éden exotique.

Dans les forêts de teck, l'éléphant met à profit les leçons apprises à l'école (6 ans de cours !) pour déplacer, aligner, empiler les grumes. Comme ses 20 000 congénères dressés pour travailler dans les forêts appartenant à l'État, il jouit du statut d'un fonctionnaire privilégié : trois jours de travail, trois jours de repos, trois mois de vacances et la retraite à 60 ans.

Ci-contre : Cette passerelle de bambou, dans la province de Tak a été posée sur les eaux peu profondes d'un lac au niveau régularisé par le barrage Bumibhol.

En haut, à droite et double page suivante : Les éléphants, dressés pour travailler dans les forêts de teck, ont droit à un bain quotidien pour se délasser.

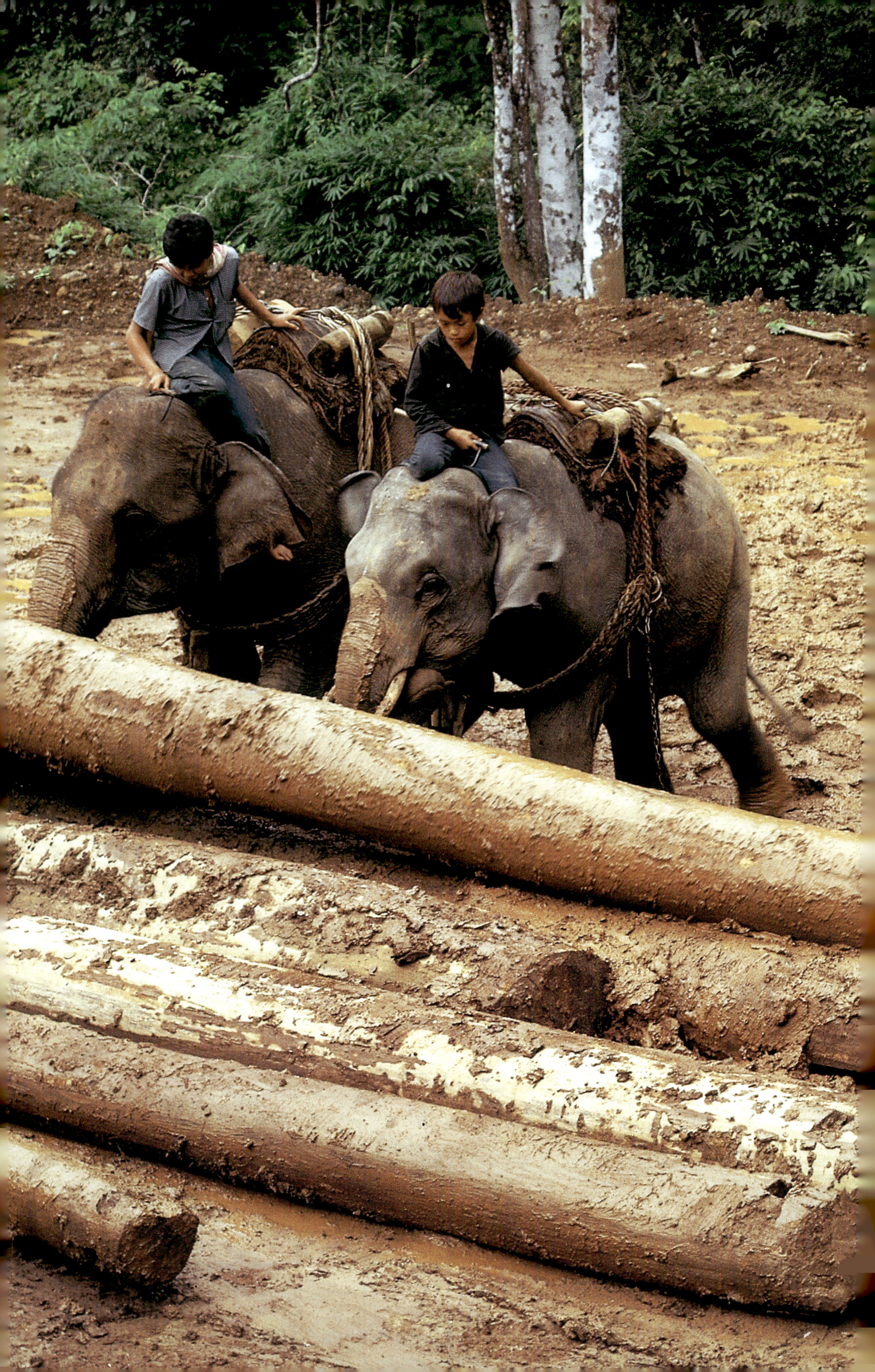

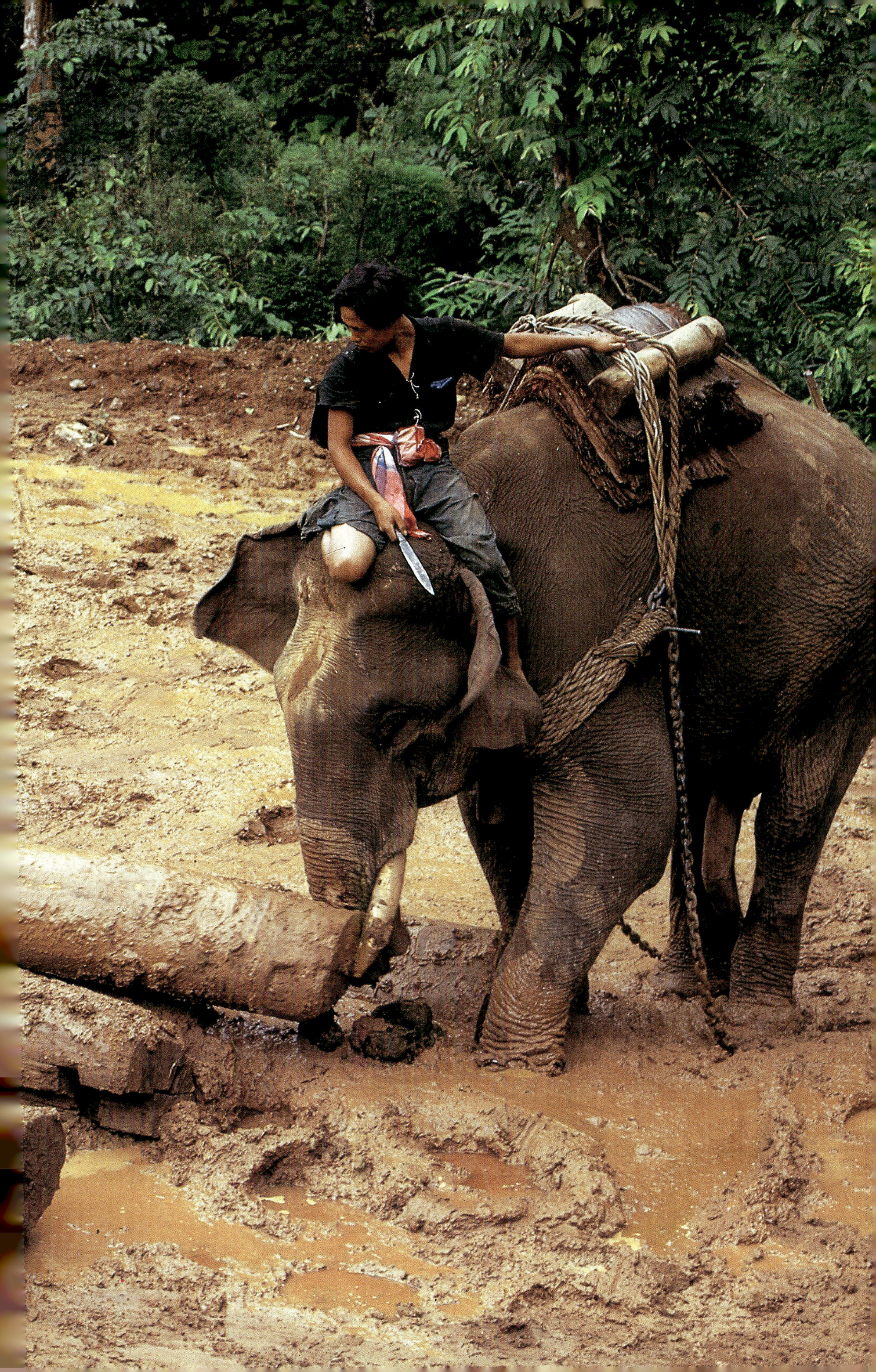

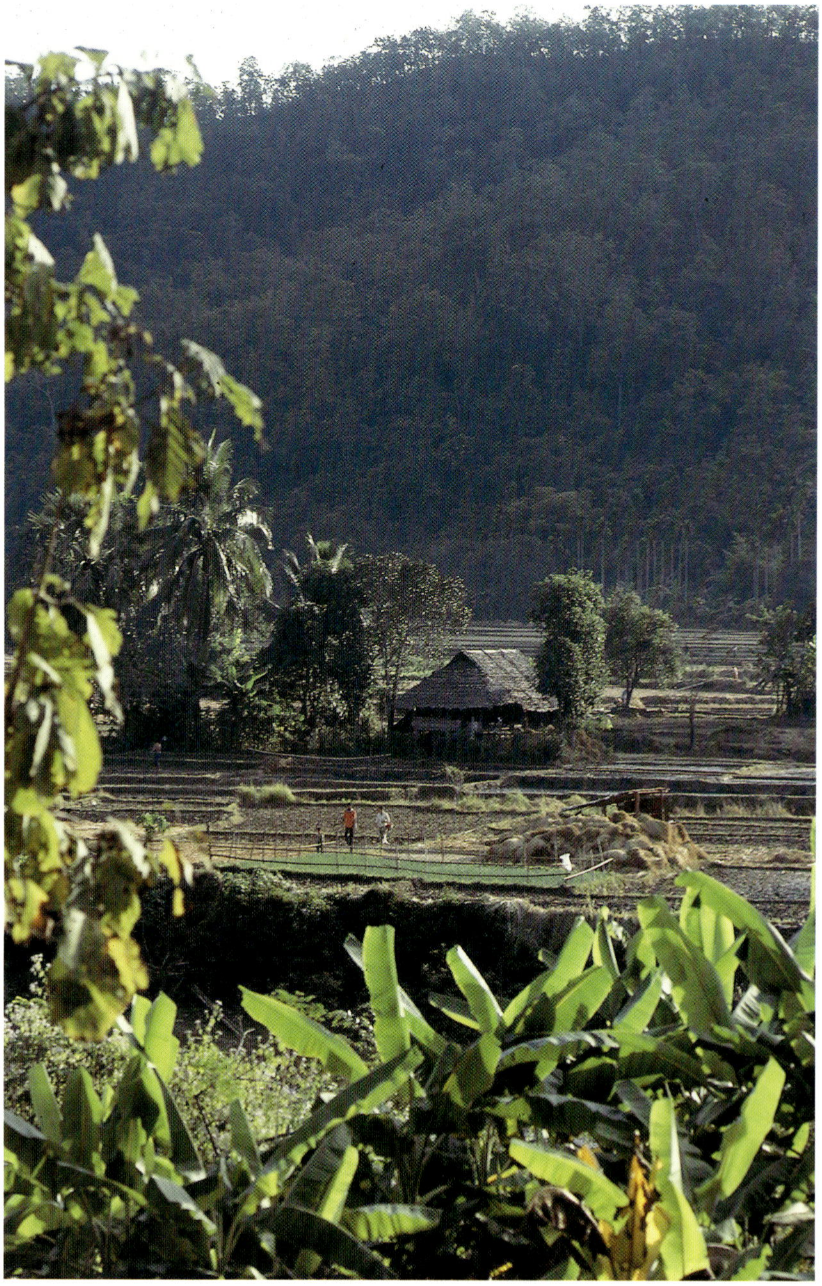

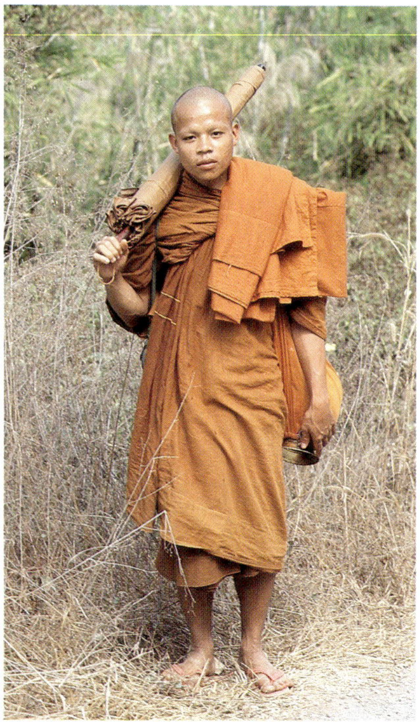

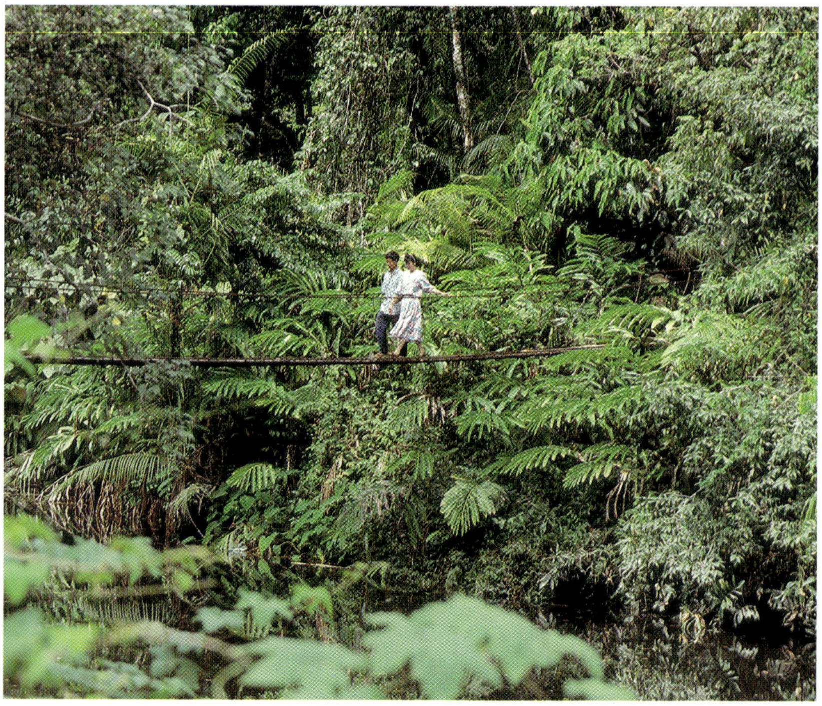

En haut, à gauche : Le riz irrigué est cultivé dans les vallées du Nord. En altitude, on cultive une variété spéciale, le riz gluant, qui n'a pas besoin d'avoir les pieds dans l'eau.

En bas, à gauche : Ce moine pèlerin ne craint pas de marcher pieds nus dans la campagne.

Ci-contre : On trouve encore ces gracieux ponts de liane dans les régions de jungle.

Ci-dessus : La brume matinale donne à ce paysage du Nord une apparence d'estampe.

Double page suivante : Le carnac profite du bain pour examiner et palper son éléphant, s'assurant qu'il n'a reçu aucune blessure.
L'éléphant se douche sur ordre avec sa trompe.

Double page 84-85 : Une jeune femme, appartenant à la tribu Lisu, semble tenir une conversation familière avec un singe équilibriste.

Sur la route de Mae Sariang, vers la frontière birmane, il faut toujours s'attendre à tomber nez à trompe avec un de ces travailleurs des bois, mené avec autorité par un cornac Karen (ce peuple n'a pas son pareil pour dresser les éléphants). L'influence de la Birmanie est évidente dans ce Nord-Ouest de la Thaïlande où les femmes portent la tunique birmane boutonnée de biais et où les temples présentent une architecture directement dérivée du style de l'ancienne Pégu (l'actuelle Pagan). Le commerce des pierres précieuses va bon train et la tentation est forte de traquer le fameux rubis de Mogok dans ces innombrables bijouteries qui ressemblent à des épiceries. En montant plein Nord, en direction du Triangle d'Or, la rivière Kok invite à l'aventure facile : petits frissons seulement sur une pirogue "à longue queue" qui négocie de modestes rapides avec sa cargaison de touristes. Mais pour les riverains, ce n'est pas du folklore : la rivière constitue l'axe de communication principal qui les relie au monde.

Spectacle charmant qui mériterait l'ampleur d'un fleuve majestueux. Il est tout proche, ce fleuve, le Mékong légendaire, promu au rang de frontière interdite par la perversité des idéologies. A son entrée au Laos, ce n'est encore qu'un torrent de montagne, désordonné et capricieux. Il dispose de 4 335 km pour se forger le caractère.

A mi-chemin de la mer, il s'étale déjà sur 10 km. La nonchalance, le calme serein que lui prête la saison sèche sont trompeurs. Il sait aussi écumer de remous furieux, sortir de son lit, emporter tout sur son passage.

Assoupie au bord du Mékong, comme le palais délabré de princes de l'opium, Chieng Saen restitue intacte la magie du grand fleuve, venu de nulle part, conduisant nulle part. Dans ses contours brumeux, la rive opposée semble figée dans son mystère pour l'éternité.

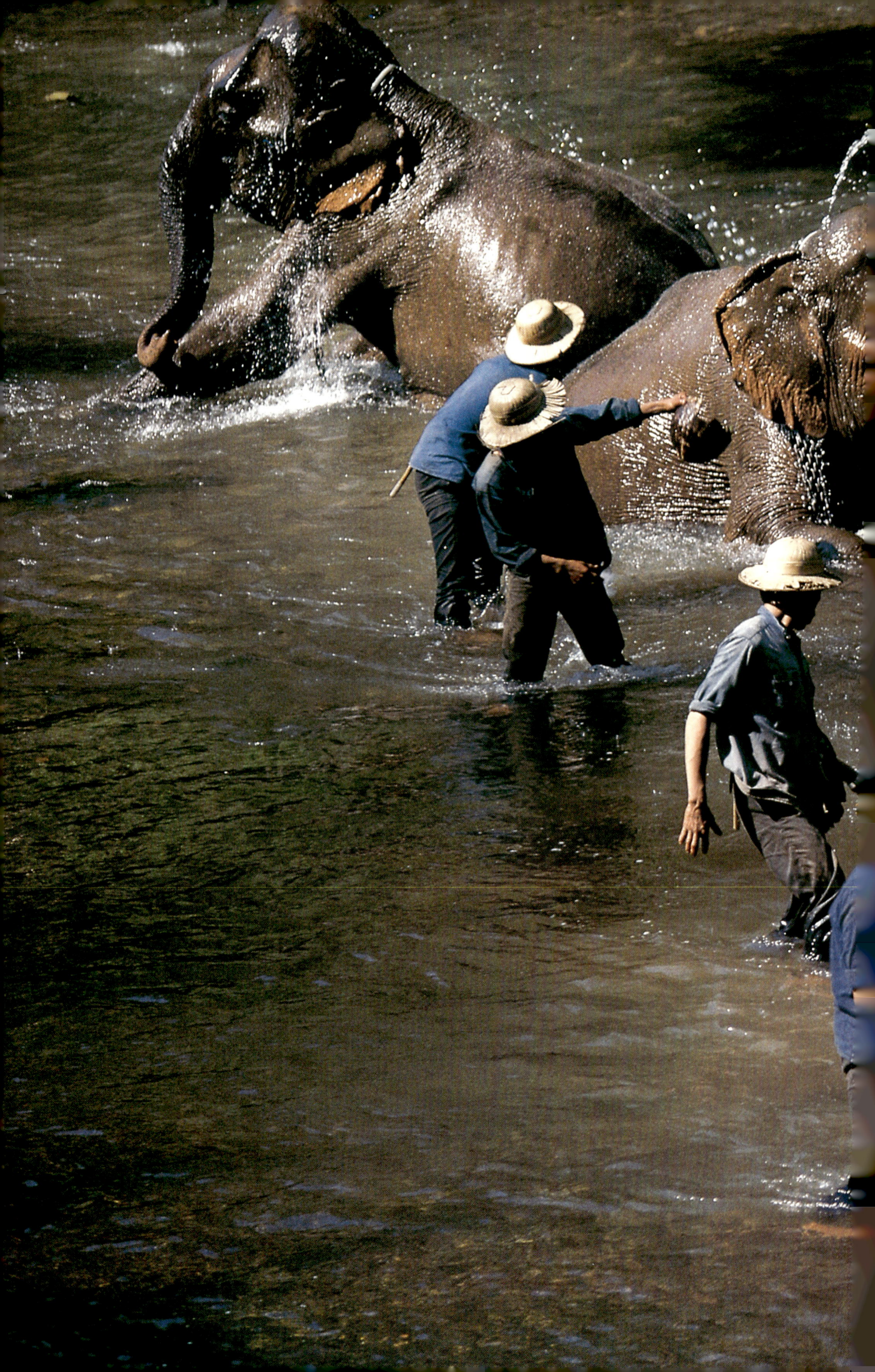

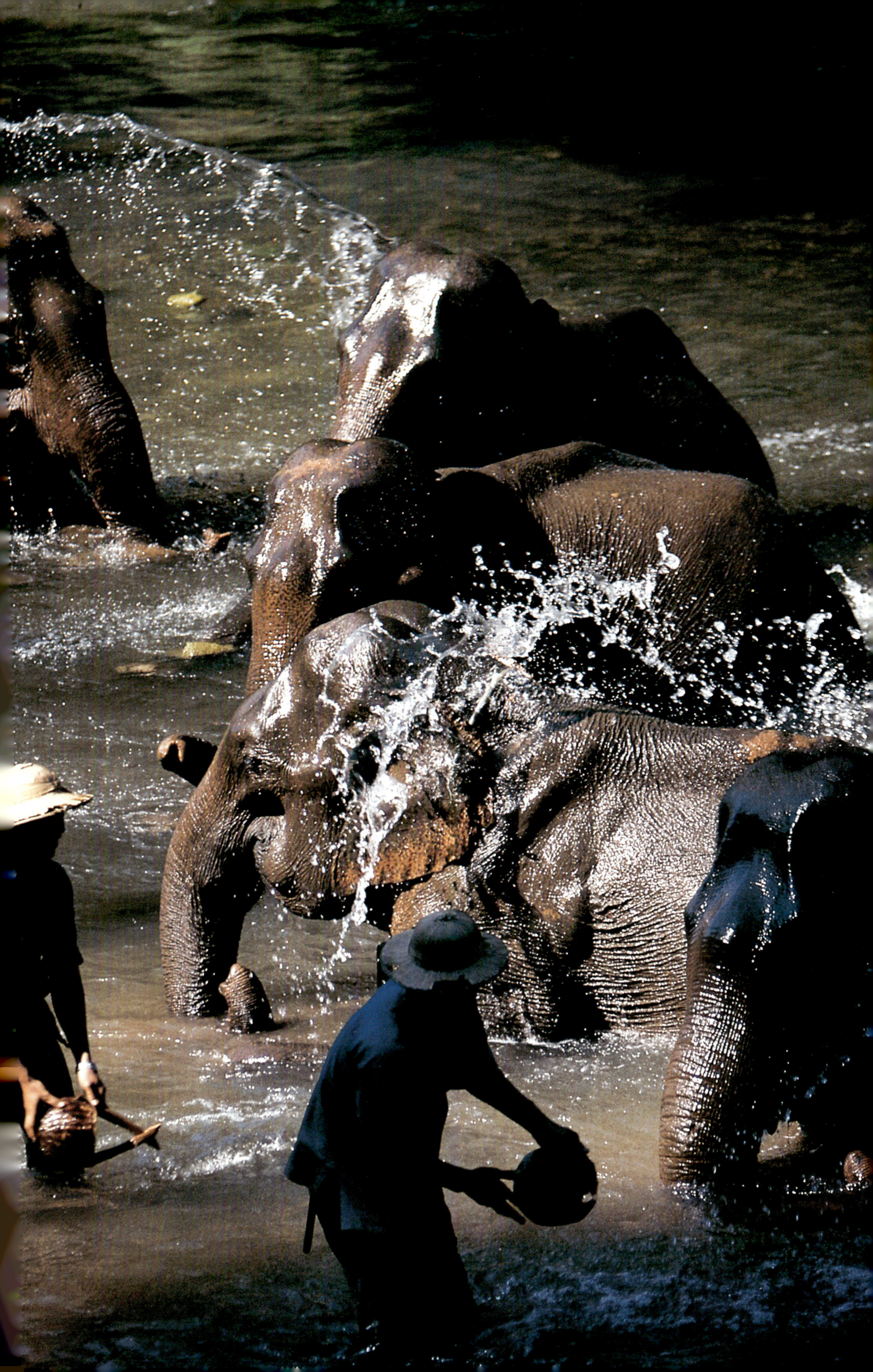

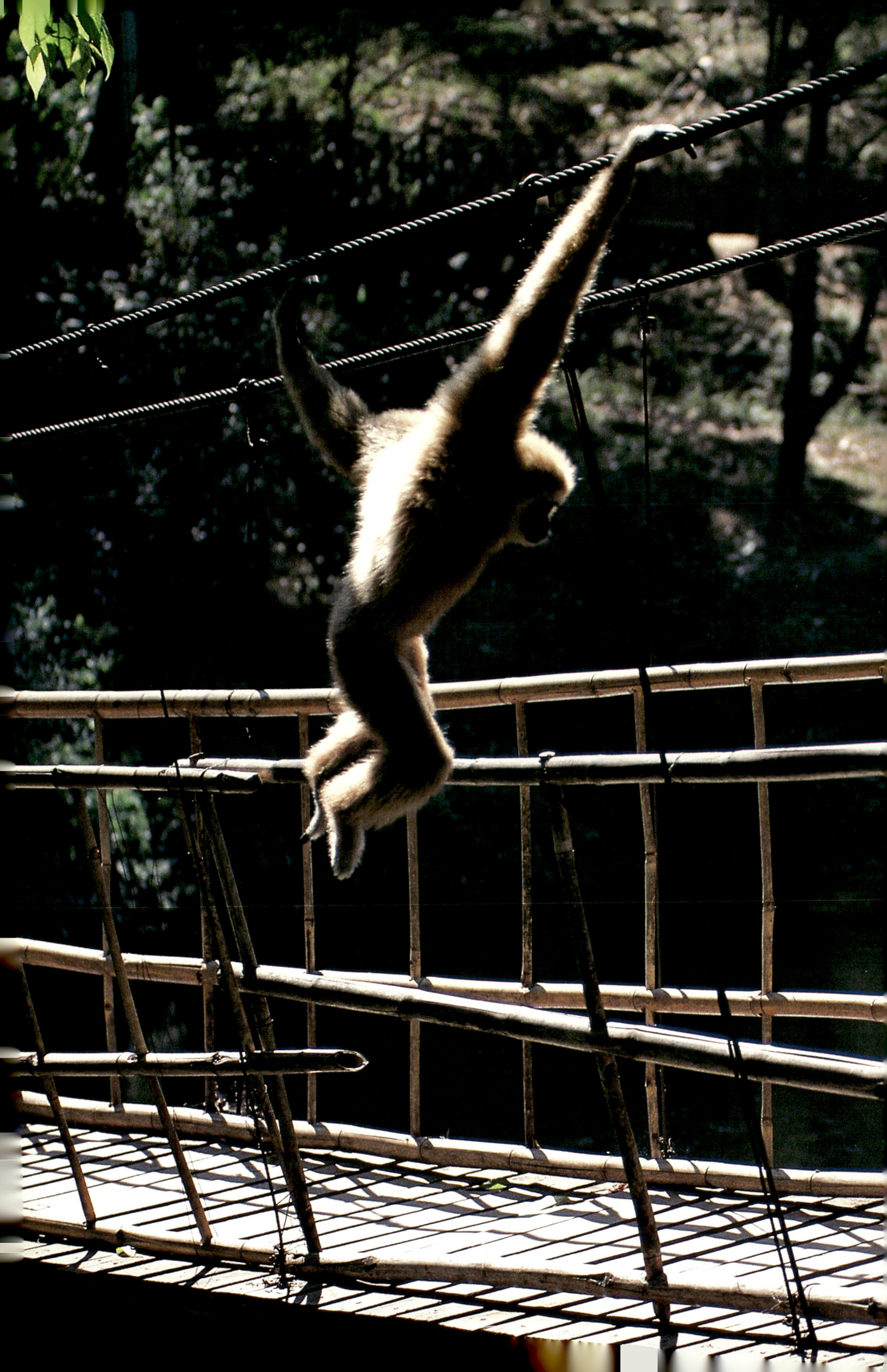

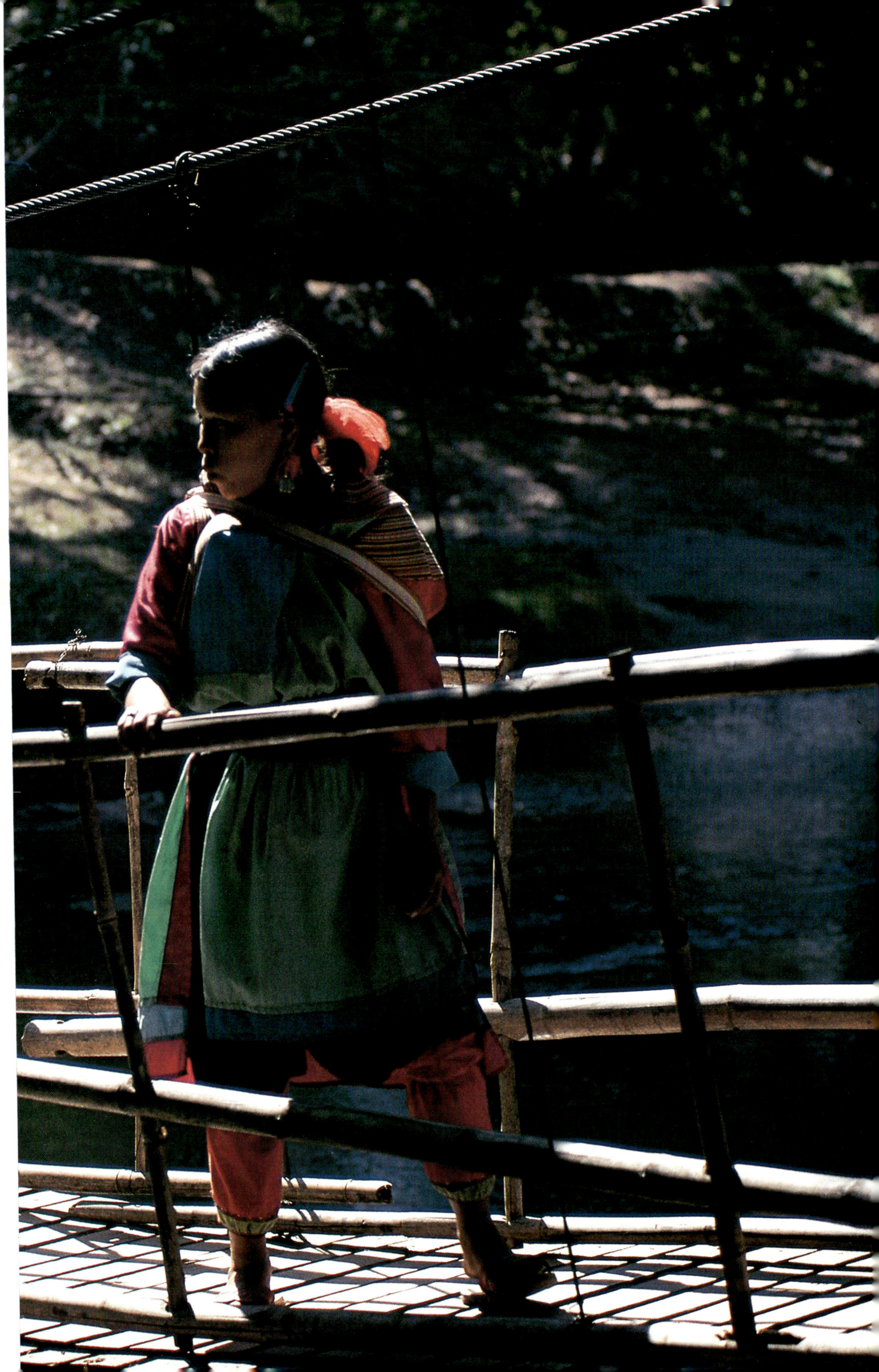

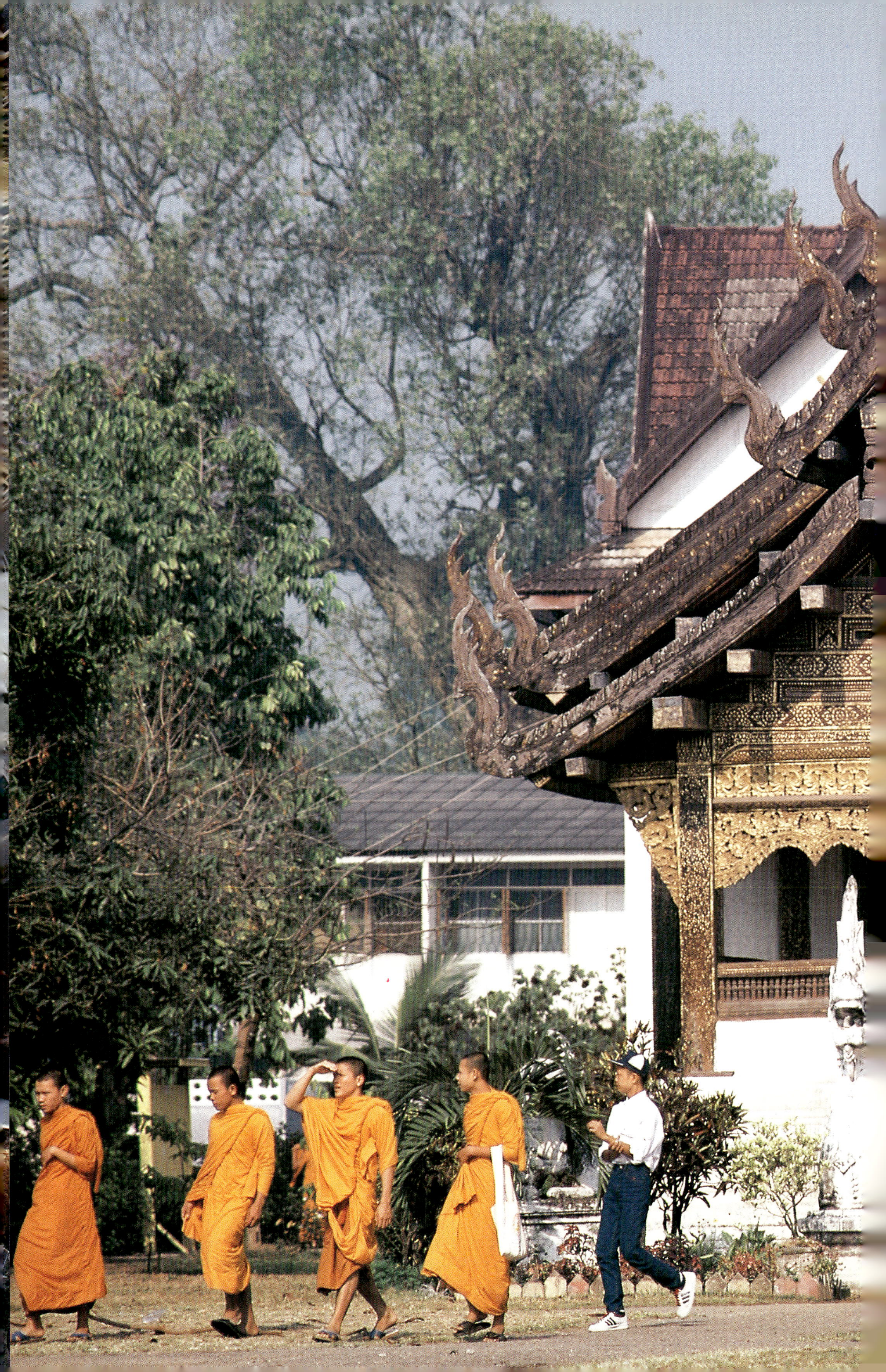

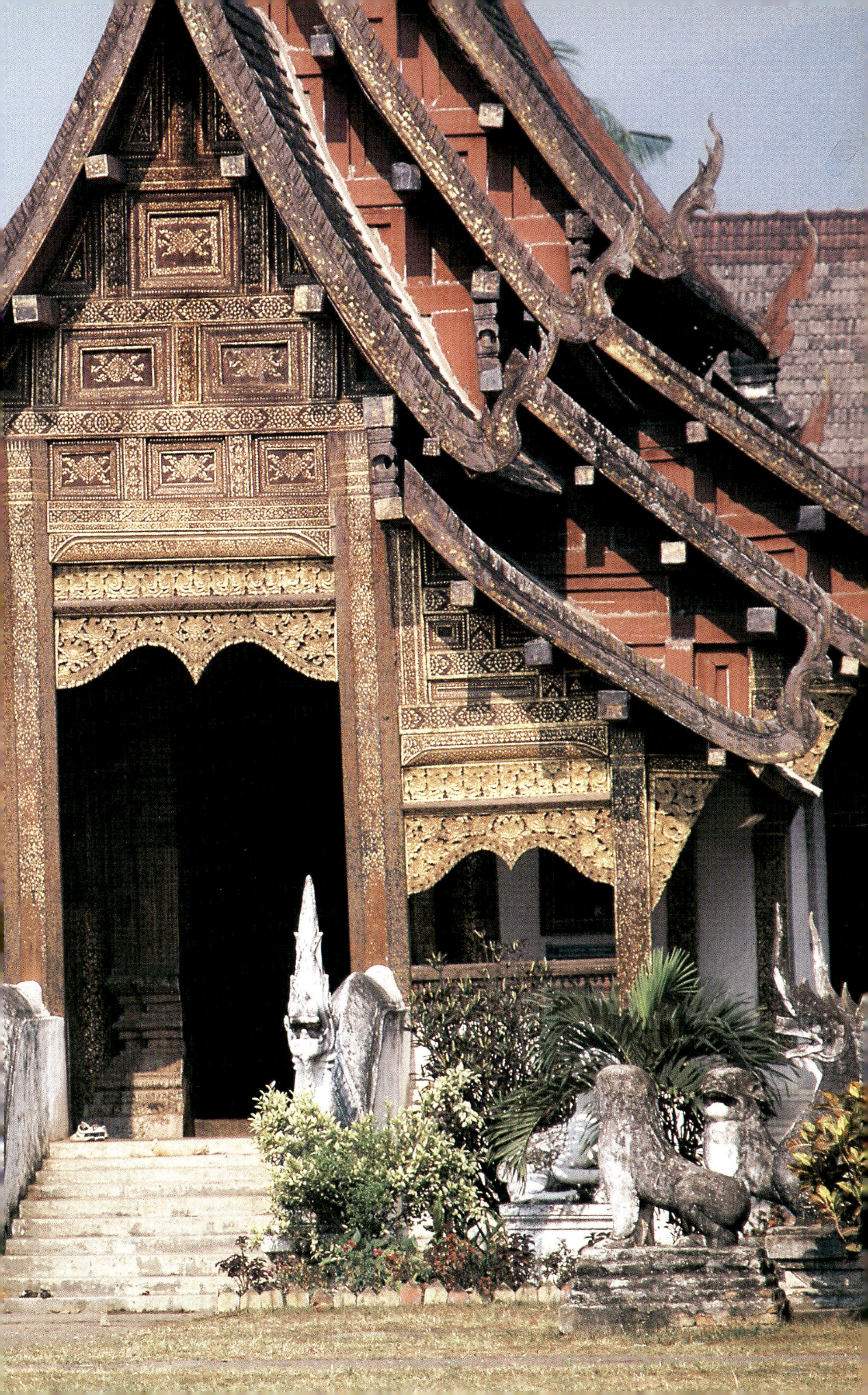

Aux heures pieuses, les litanies des bonzes s'échappent des pavillons ciselés qui abritent les statues sacrées, même robe orange, même crâne rasé, comme reproduits à l'identique par la puissance divine. On finit par oublier que la plupart des temples sont aussi des monuments de l'art siamois : le Wat Phra Singh, temple du Bouddha Lion, avec ses nagas qui font le gros dos ; le Wat Chiang Man dont le chedi repose sur quinze cariatides d'éléphants ; le Wat Chedi chet Yod, construit sur le modèle d'un temple de Pagan, qui dresse fièrement son chedi aux sept pointes effilées...

On passe sans transition aux plaisirs profanes. Chieng Maï a toujours entretenu une tradition artisanale de qualité. Elle reste le cœur de la créativité et du génie artistique siamois. C'est, d'ailleurs, de Chieng Maï que proviennent la plupart des objets d'artisanat vendus à Bangkok.

Autrefois, les différents corps de métier étaient répartis par quartiers ou par villages. Avec la prolifération des commerces créés à l'usage des touristes, les frontières se sont diluées, mais les secrets de fabrication se transmettent toujours de père en fils et la patience reste la première des vertus. En approchant Wua Laï road, un rythme sourd de martèlement signale la confrérie des argentiers. Etincelantes comme des miroirs, les créations s'amoncellent dans les boutiques cossues : boîte à bétel, coupes d'offrandes, bols, bracelets, pendentifs, ceintures... Objets inaccessibles pour l'humble artisan qui passe dix heures par jour à la forge.

En continuant vers le sud, on aborde le quartier des fabricants de laque. La laque est une sorte de résine récupérée sur les arbres par les Karens. Il faut plusieurs mois pour réaliser un objet selon les techniques traditionnelles. La base, constituée de teck ou de vannerie, est enduite de neuf à dix couches successives de laque avant de présenter un vernis parfait. Les adeptes du rendement ont tout intérêt à se recycler dans le tissage : avec une

Chieng Maï est la capitale de l'artisanat traditionnel thaïlandais. Ici, on peut voir la fabrication d'une potiche en laque, la décoration d'un panneau de bois sculpté et la préparation d'armatures d'ombrelles. La laque provient d'une résine qui se récolte dans les régions frontalières avec la Birmanie.

92

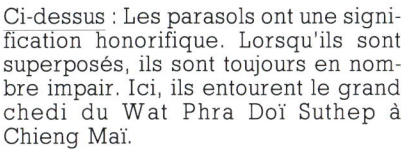

Ci-dessus : Les parasols ont une signification honorifique. Lorsqu'ils sont superposés, ils sont toujours en nombre impair. Ici, ils entourent le grand chedi du Wat Phra Doï Suthep à Chieng Maï.

Ci-contre, à gauche : Cette fillette méo fait sonner les cloches d'un wat à Chieng Maï. Elle appartient à une tribu non bouddhiste qui pratique l'animisme.

En haut, à droite : Les Bouddhistes ne pénètrent jamais dans un temple sans y faire une offrande : feuilles d'or, fleurs, cierges ou bâtonnets d'encens.

bonne expérience, on arrive à produire jusqu'à 6 mètres de tissu par jour. Coton ou soie passent sur le même métier qui, depuis cent ans ou plus, tient lieu de compagnon aux beaux brins de filles de San Kamphaeng.

À la périphérie de la ville, le village d'ombrelles de Bo Sang a gagné son paradis. Il doit sa prospérité à la compassion d'un bon père de famille. Rencontrant un jour un Vénérable dont l'ombrelle était cassée, celui-ci s'offrit à la réparer. Son expérience était mince mais son cœur était grand. Avec l'aide des membres de sa famille, il fabriqua une ombrelle neuve pour le pauvre moine. Depuis, la famille s'est agrandie : tous les habitants du village sont préposés à la fabrication des ombrelles. Chacun est spécialisé dans sa tâche : taille des baleines en bambou, préparation du papier, assemblage, décoration. Patience, encore.

Chieng Maï la nuit offre plutôt des plaisirs sages. La soirée commence invariablement au ''night bazar'', le marché de nuit qui se tient tous les soirs sur Changklan road. Qu'on y cherche un oiseau en cage, des broderies Yao, une pipe à opium ou une samsonite, c'est le succès assuré. Fatigués de monter et démonter leurs étals, les marchands sont passés sans transition au centre commercial. Le marché n'a plus rien de folklorique mais l'on s'y grise de bruit et de lumière, s'arrêtant sur un coin de table pour déguster une soupe ou une brochette.

Les puristes préfèrent tenter le dîner "khan toke", typique du Nord, qui tient son nom du grand plateau à pieds sur lequel sont servis les mets. On s'y régale, assis par terre, de plats agréablement relevés, accompagnés de riz gluant qui se tourne en boulettes avant d'être trempé dans les sauces.

Pour terminer la soirée, l'itinéraire bifurque rarement vers le salon de massage (plus vigoureux qu'érotique, selon les traditions de la région). On préfère siroter un verre de Mékong au bord de la rivière Ping, au son d'un air de guitare qui n'a rien de thaïlandais.

Ci-contre : Ce jeune garçon méo est fier de son perroquet apprivoisé qu'il espère vendre au marché de Chieng Maï.

A droite : La décoration typique de ce temple du Nord traduit un art du détail dans ses tuiles vernissées bicolores, ses nagas incrustés de verre et ses panneaux de bois ouvragés.

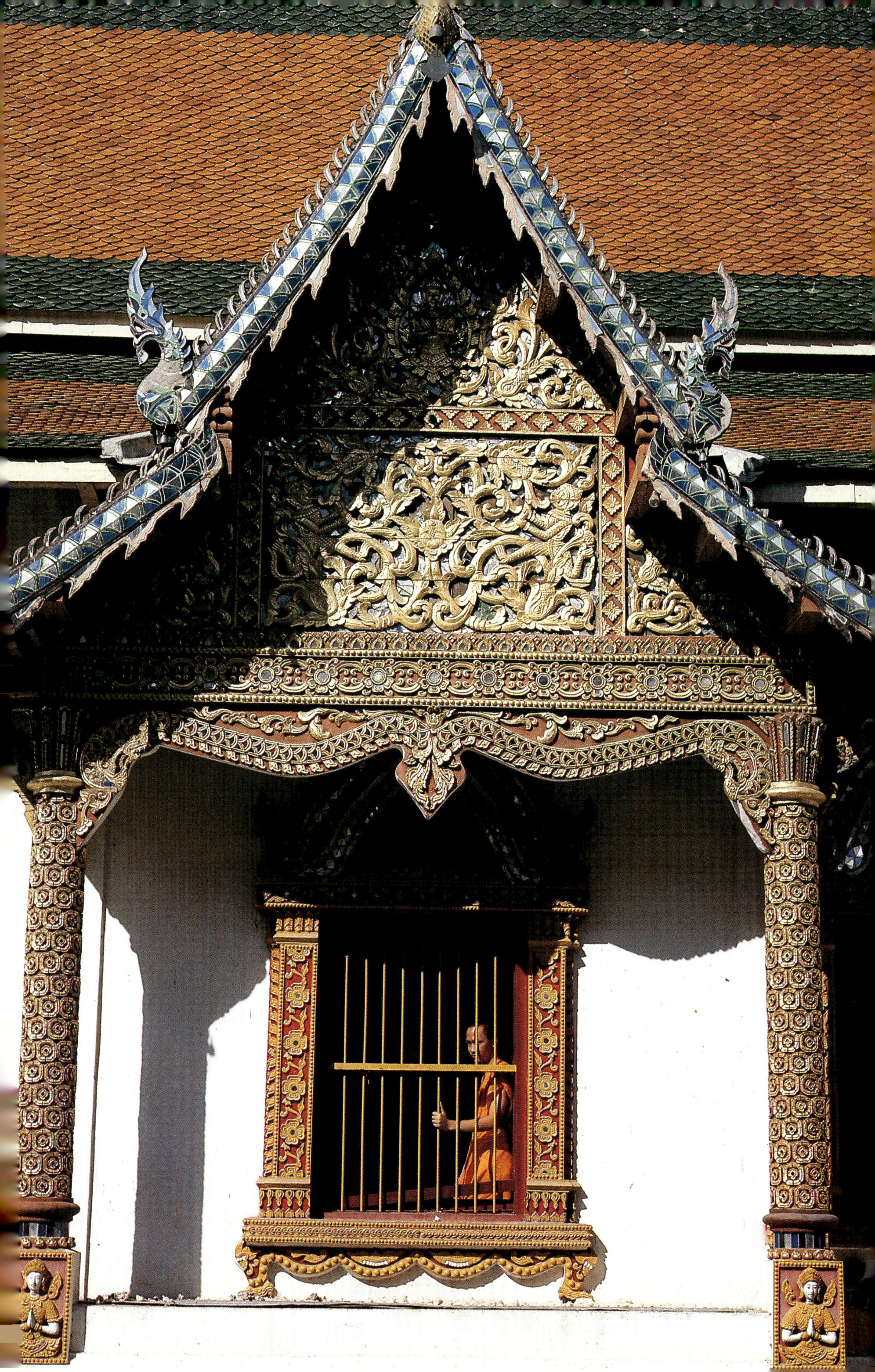

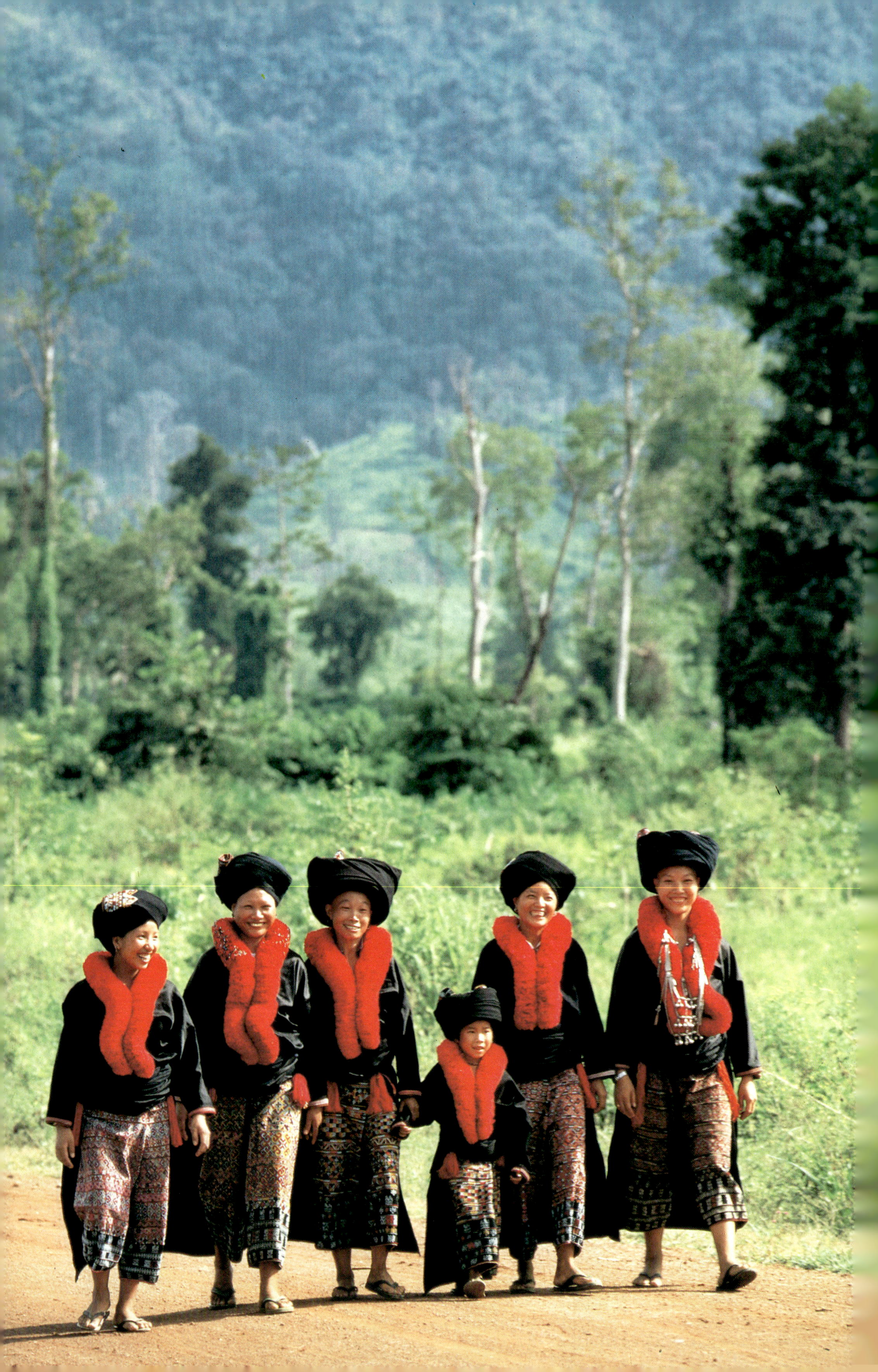

Les seigneurs des montagnes

*L'*air est doux, la brise légère. Sur les crêtes montagneuses frissonne un océan blanc, mauve et pourpre. Personne ne semble pressé de venir cueillir ces fleurs gracieuses. Au bout de quelques semaines, les pétales tombent. Il ne reste plus qu'une capsule oblongue et son contenu vaut de l'or. Car cette fleur n'est autre que le pavot à opium qui pousse comme le chiendent aux confins de la Birmanie, du Laos et de la Thaïlande.

Terres royales longtemps oubliées, les montagnes ont été cédées sans bail à ceux qui ont voulu les prendre. Elles sont devenues le domaine de tribus venues du ventre de la Chine, riches, en tout et pour tout, de 4 000 ans d'histoire. Hmongs et Karens, Yaos et Lisus, Lahus et Akhas ont investi les lieux en ordre dispersé, quittant les hautes vallées du Yunnan dans l'espoir de terres plus fertiles. Migrations sans fin, entretenues par la pratique du brûlis qui épuise le sol et ravage les forêts.

Leur arrivée en Thaïlande a été d'une discrétion à la mesure de la confusion qui régnait aux frontières, dans la région du Triangle d'Or, au début du siècle. On imagine sans peine qu'elles ont franchi les lignes théoriques de partage des états sans même s'en apercevoir, obsédées par la nécessité de vivre au-dessus de 1000 m d'altitude, par crainte de la malaria. La carte de leur implantation est loin d'être tracée, les villages se déplaçant tous les cinq ou six ans et de nouveaux venus s'infiltrant sans cesse, malgré les contrôles mis en place aux frontières.

Les tribus montagnardes, à quelques exceptions près, restent à l'écart de tout, n'entretenant que peu de contacts entre elles. Chacune vit selon ses traditions, au rythme des cultures, des fêtes, des menus évènements de la vie. La culture du pavot à opium fait partie de leurs talents et le gouvernement thaïlandais, harcelé par la communauté internationale, cherche à trouver des solutions non violentes pour leur assurer des revenus décents et licites.

Après quelques jours de marche dans ces montagnes amples et sauvages, ondulant sur un horizon infini, on conçoit mieux le quant à soi de ces peuples dispersés. Une fumée bleue s'élève dans le lointain, signalant l'approche d'un village. Avant d'avoir croisé le premier hôte de ces lieux, il est difficile de savoir si l'on bénéficiera d'une hospitalité lisu, karen, hmong, lahu...

Ci-contre : Ces femmes de la tribu des Yaos sont en tenue de tous les jours. Comme on peut le voir, la servitude de l'uniforme commence dès le plus jeune âge, mais elle n'entame nullement la bonne humeur.

En haut : Bien qu'illégale, la culture du pavot se pratique toujours dans le Triangle d'Or, mais les champs sont de moins en moins accessibles.

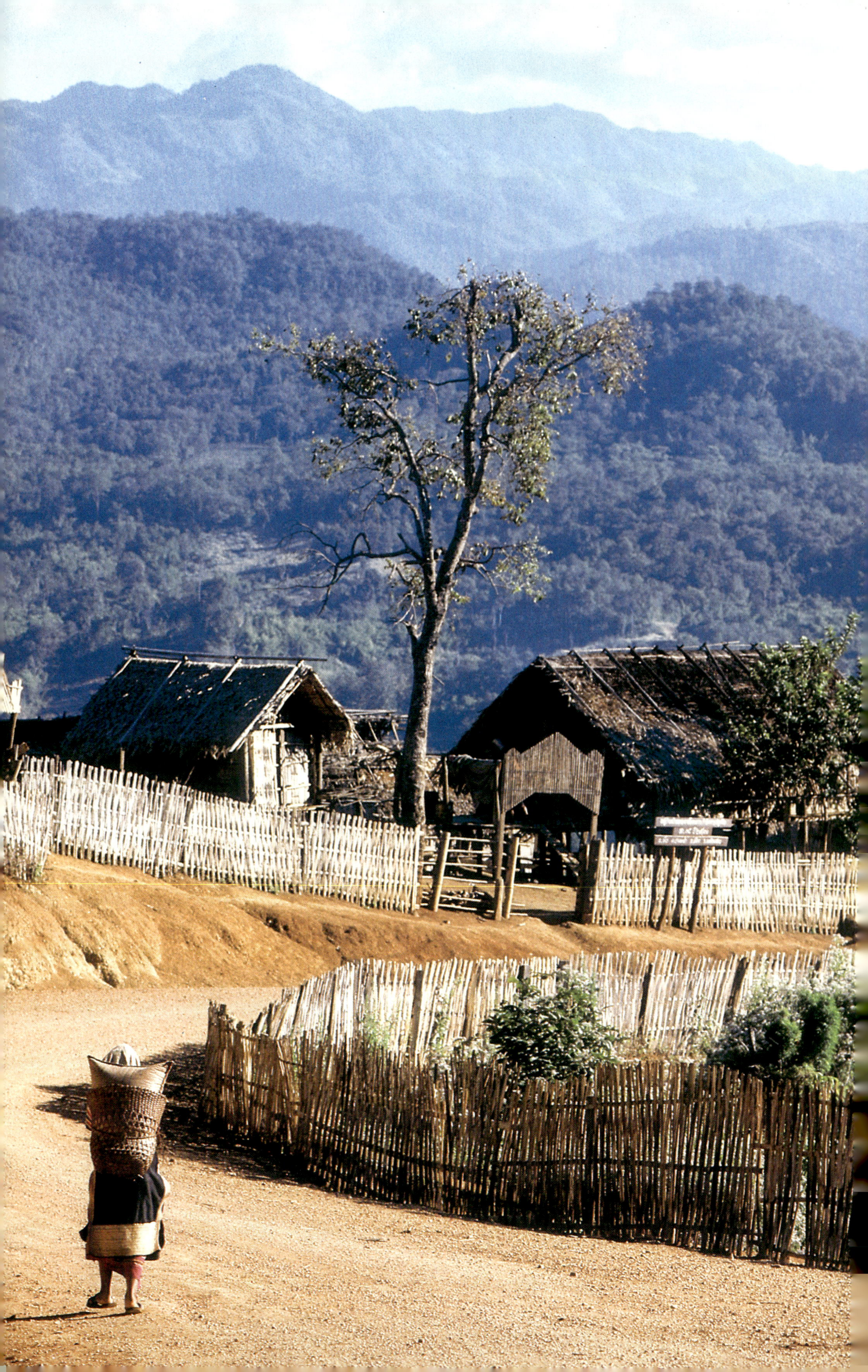

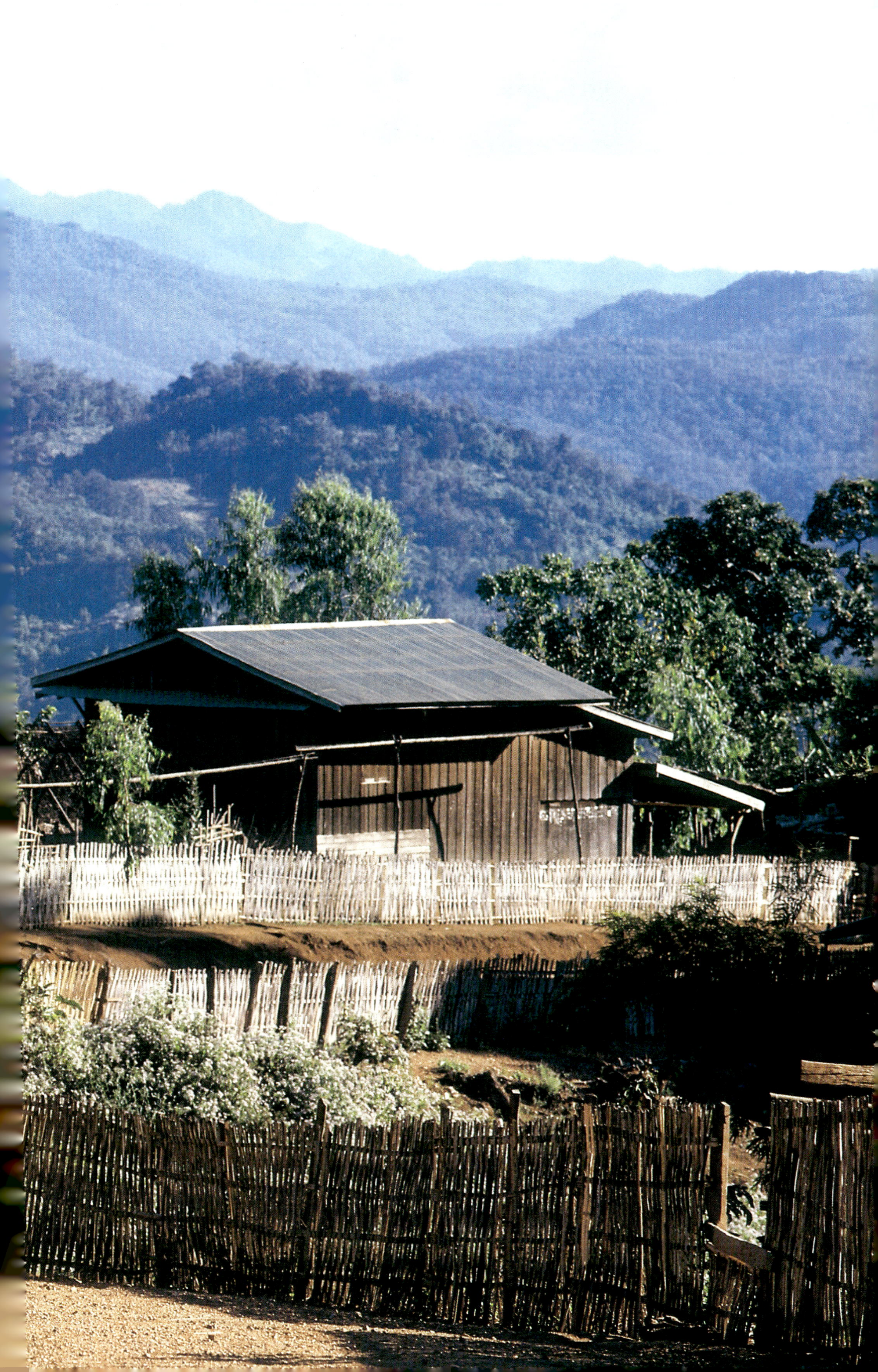

Ci-dessus : Cette jeune femme lisu fait ses emplettes au bourg voisin de son village. Depuis quelques années, les échanges entre Thaïs et minorités ethniques se banalisent.

Ci-contre, à gauche : Les enfants des tribus montagnardes sont habitués à participer aux tâches familiales. Ici, une petite fille méo porte le sac à dos local.

A droite : Le costume féminin des Karens est le moins chatoyant des minorités du Nord. Cette jeune fille, armée d'une serpe, effectue des travaux agricoles.

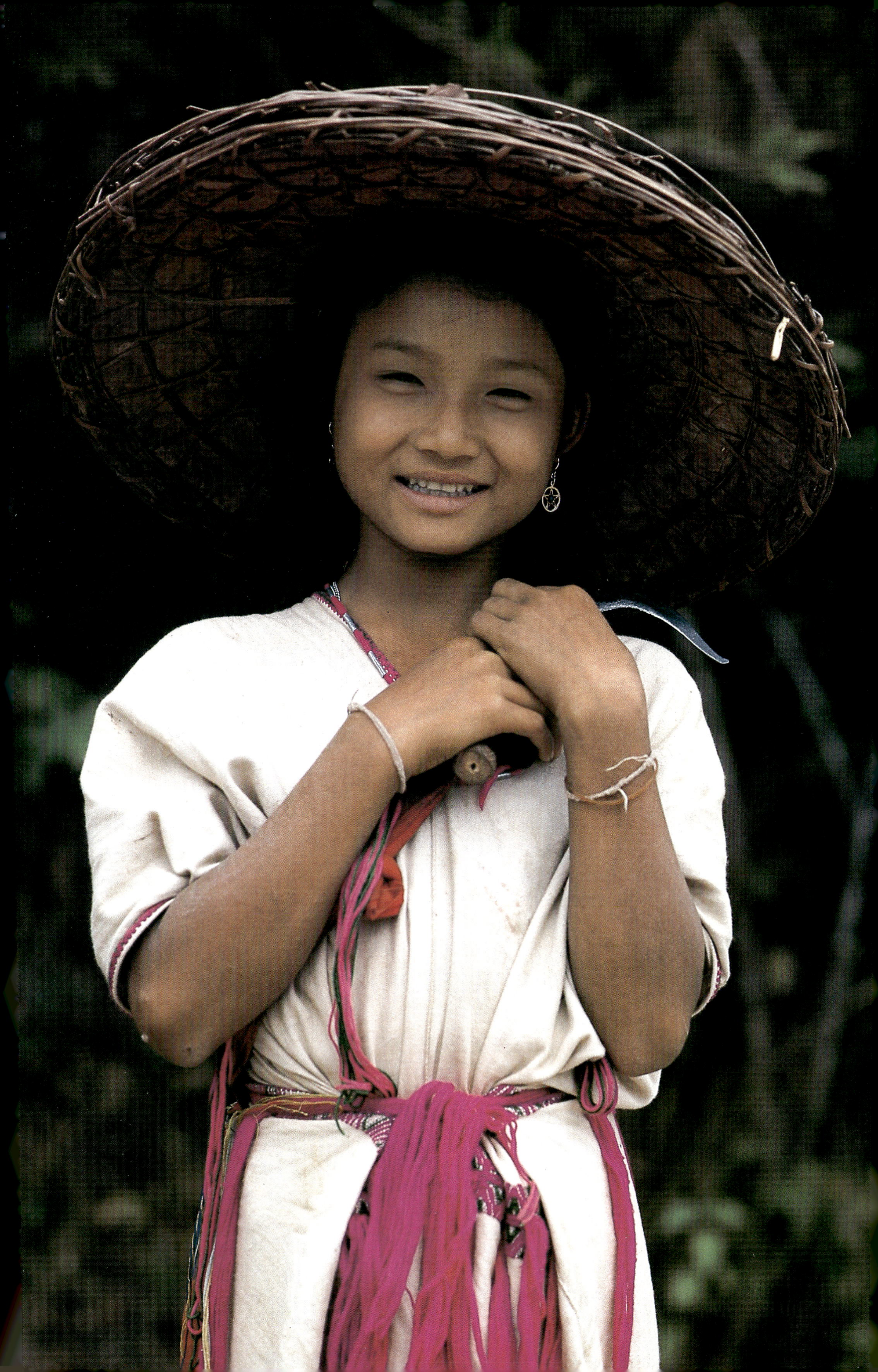

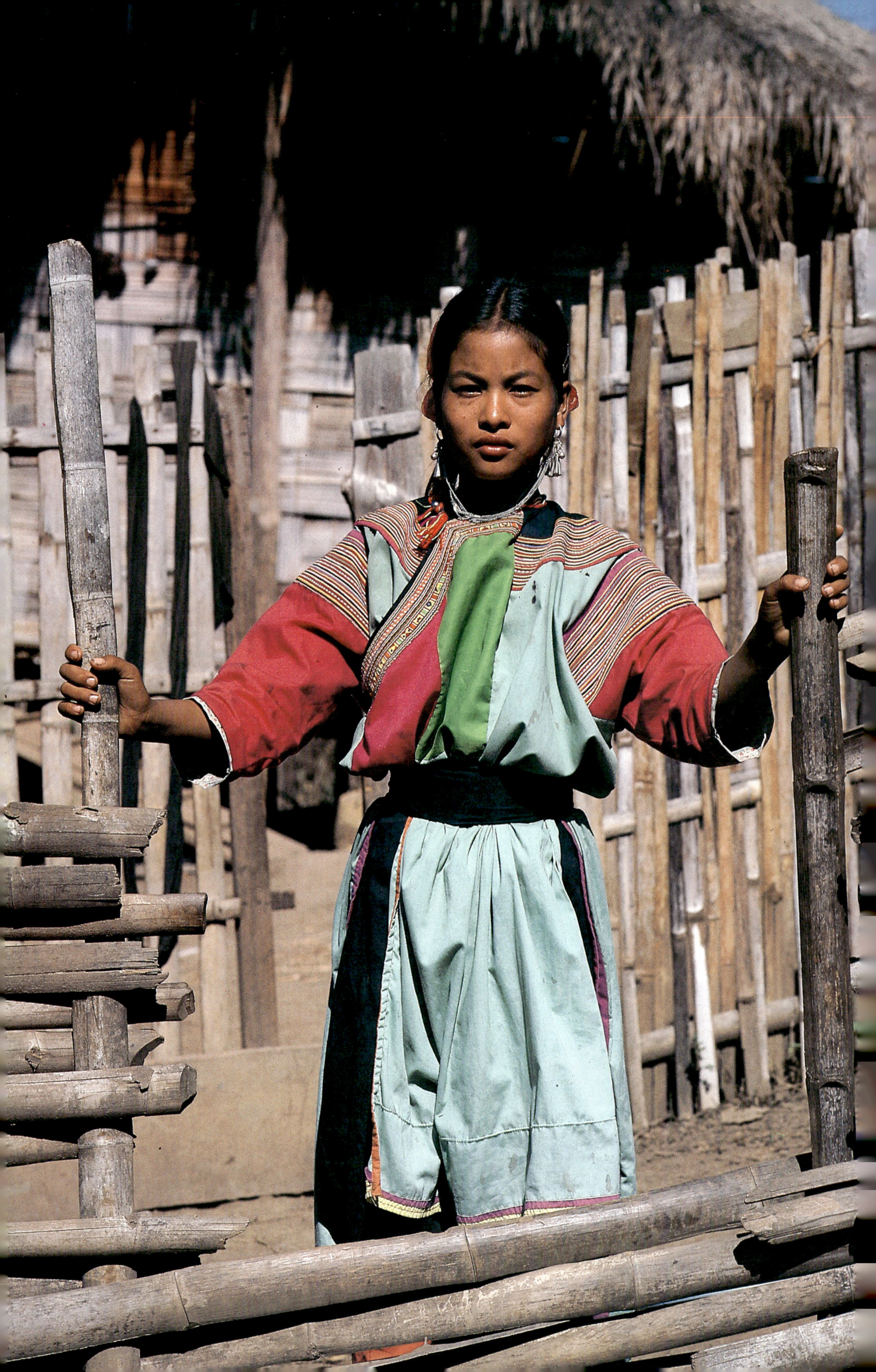

La surprise est au coin du bois : une dame Akha contemple le nouveau-venu, l'œil plissé d'étonnement. Elle n'a peut-être jamais vu un blanc, ni même un Thaï de la plaine. Elle fume la pipe placidement et son sourire découvre une bouche rougie par la mastication du bétel. Sa tenue ferait sensation sur Silom road, à Bangkok : une mini-jupe taille basse qui laisse voir le nombril, une veste agrémentée de

Ci-contre : Les villages Lisus sont construits sur des terres hautes, autour de 1800 mètres d'altitude. Les jeunes femmes, d'une coquetterie extrême, aiment se parer de bijoux en argent massif et ont inventé le collier-boucle d'oreille.

Ci-dessus : Ce Méo se livre à la récolte de l'opium en incisant la capsule qui subsiste après la chute des pétales du pavot. Le suc épais qui s'en échappe brunit au contact de l'air. Il est bouilli et aggloméré en briques d'opium brut.

savants patchworks, des guêtres brodées, une coiffe de forme conique ornée de pièces, de boutons et de fourrure de singe teinte en rouge. Venue de nulle part, allant nulle part, sa dernière adresse était peut-être en Birmanie. Les Akhas sont près de 30 000, installés précairement dans la province de Chieng Raï, au nord de la rivière Kok. Simples et frustes à beaucoup d'égards, ils savent profiter des bons moments, chanter et danser à la veillée, improvisant des fêtes où les jeunes gens se font la cour.

D'une crête à l'autre, le costume féminin tient lieu de passeport : impossible de confondre une Hmong d'une Yao, une Lisu d'une Karen. Les juges d'un concours d'élégance auraient peine à trancher entre une belle Yao, vêtue d'indigo brodé au point de croix, la tunique bordée d'un boa rouge vif, et une gracieuse Lisu avec son ample blouse multicolore et ses guêtres chamarrées. Les femmes Hmongs ne sont pas en reste : une jaquette bleu nuit croisée sur la poitrine, un tablier brodé porté sur une jupe plissée rehaussée de couleurs vives...

"Aux poissons les ondes, aux oiseaux les éthers, aux Hmongs les montages" : ce proverbe traduit toute la fierté du peuple Hmong, appelé aussi Méo, qui règne sur les hautes terres entre 1000 et 2 000 m d'altitude. Avec près de 150 000 membres, c'est la communauté montagnarde la plus nombreuse de Thaïlande (on estime à 6 millions la population Hmong). Ils vivent de l'agriculture et de la chasse et la prospérité des familles s'évalue aux lourds

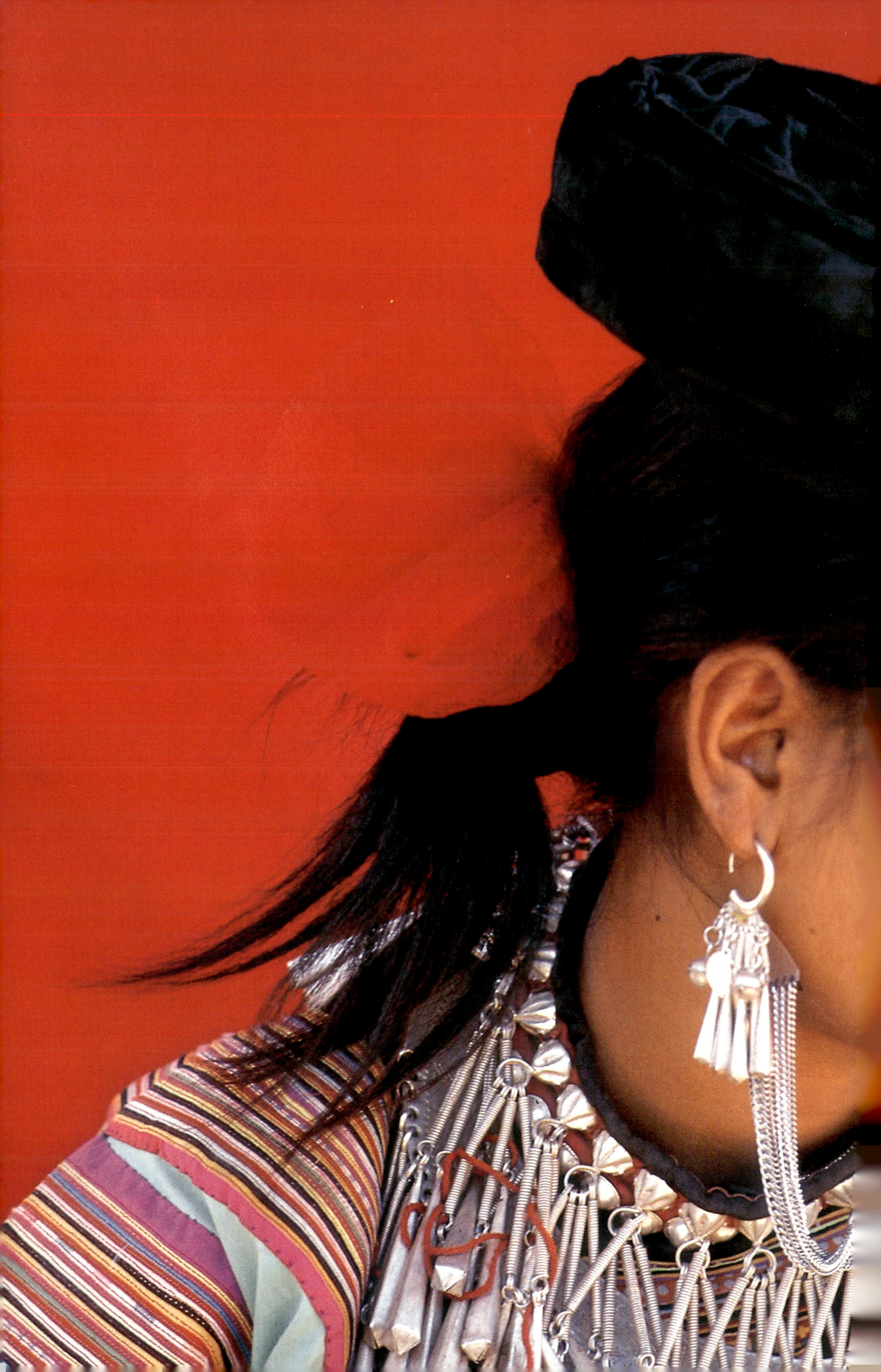

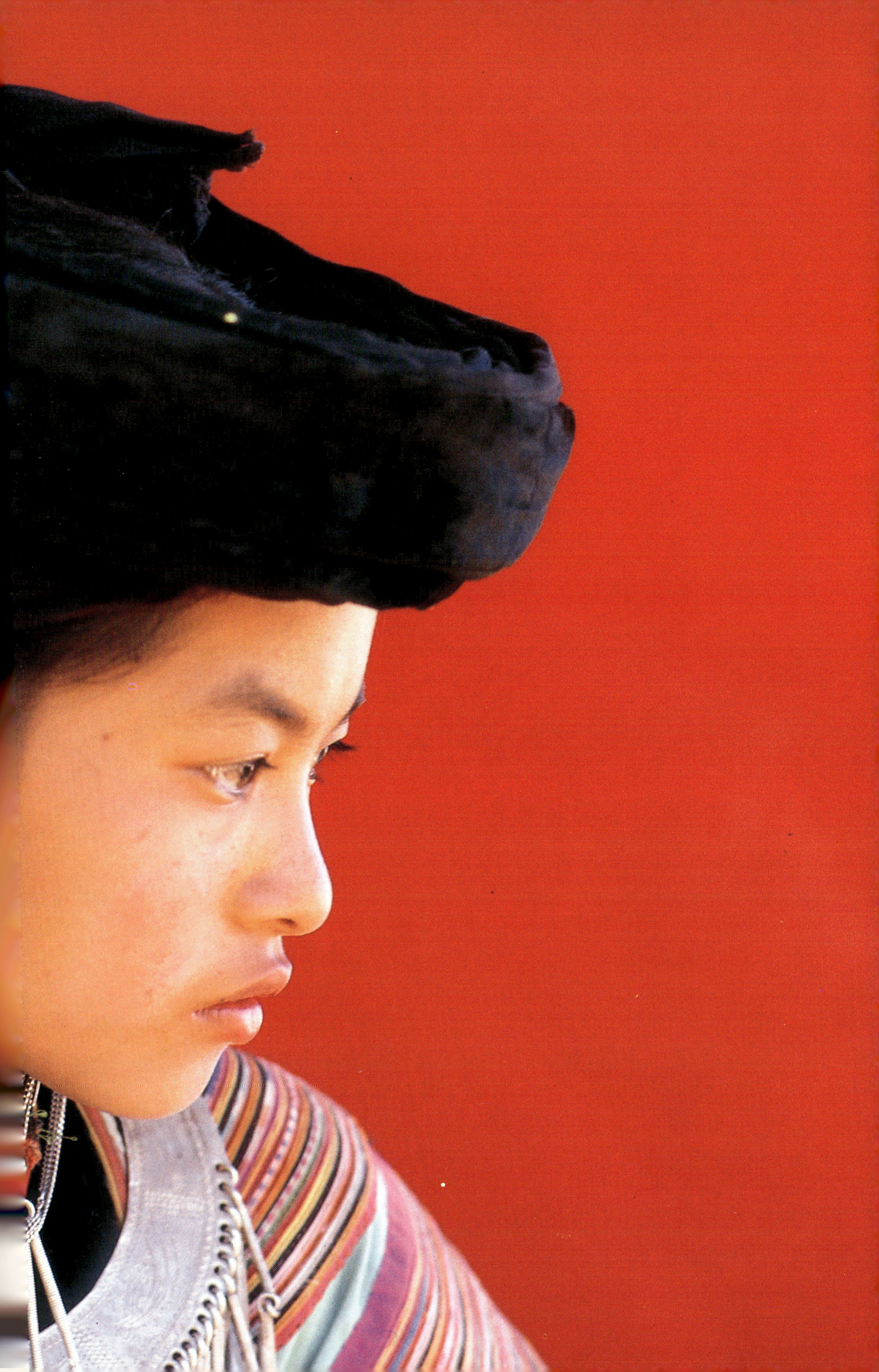

colliers d'argent massif arborés par les femmes. Les Hmongs descendent volontiers "en ville" (le village thaï le plus proche) pour y faire leurs emplettes et vont parfois beaucoup plus loin : de nombreux jeunes, intégrés à des programmes scolaires organisés par le gouvernement thaïlandais, ont déjà réussi à franchir les portes de l'Université.
Mais ce genre d'exploit reste exceptionnel chez les peuples montagnards. Les Yaos, par exemple, préfèrent les transitions plus douces. Agriculteurs industrieux, leur ambition se limite à trouver une vallée fertile pour pratiquer la riziculture irriguée. Depuis une dizaine d'années, ils manifestent une tendance à la sédentarisation. Chez les jeunes gens, la paresse condamne au célibat. Car les belles Yaos ne sont lâchées qu'à prix d'or par la famille qui réclame, sans sourire, quelques milliers de bahts.

La venue d'un étranger est toujours un événement dans les villages montagnards, situés à l'écart de toute route carrossable. Les habitants sont le plus souvent amicaux et remplis de curiosité.

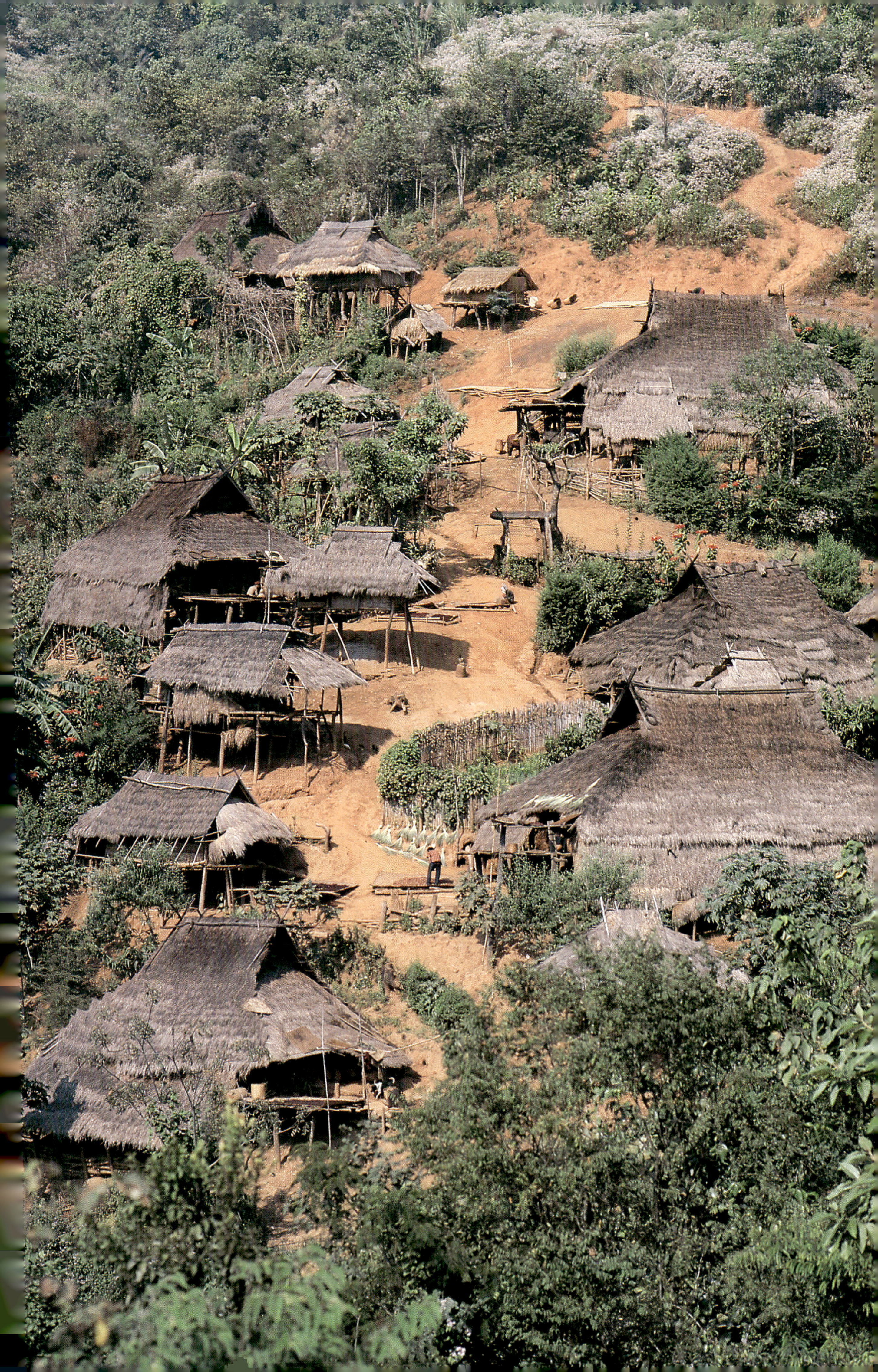

Aucune chance de mieux s'en tirer en allant voir chez les Lisus où 10 000 bahts suffisent à peine pour consoler un père de la perte de sa fille... Il suffit de voir la splendeur des bijoux féminins pour comprendre que le fiancé n'est pas au bout de ses folles dépenses ! Les Lisus (environ 20 000 en Thaïlande) ne tiennent nullement à abandonner la liberté de leurs montagnes. Ils ont, d'ailleurs, une prédilection pour les sites défensifs, autour de 1800 m d'altitude. La culture du pavot reste leur principale source de revenu. Avec leurs économies, ils achètent des nouveaux bijoux pour ces dames et font la fête. La célébration du nouvel an dure 5 à 6 jours. L'alcool de riz coule à flot, des bons petits plats mijotent dans les marmites et les femmes portent leur plus belle tunique brodée, faisant virevolter leurs guêtres chamarrées au rythme de la danse.

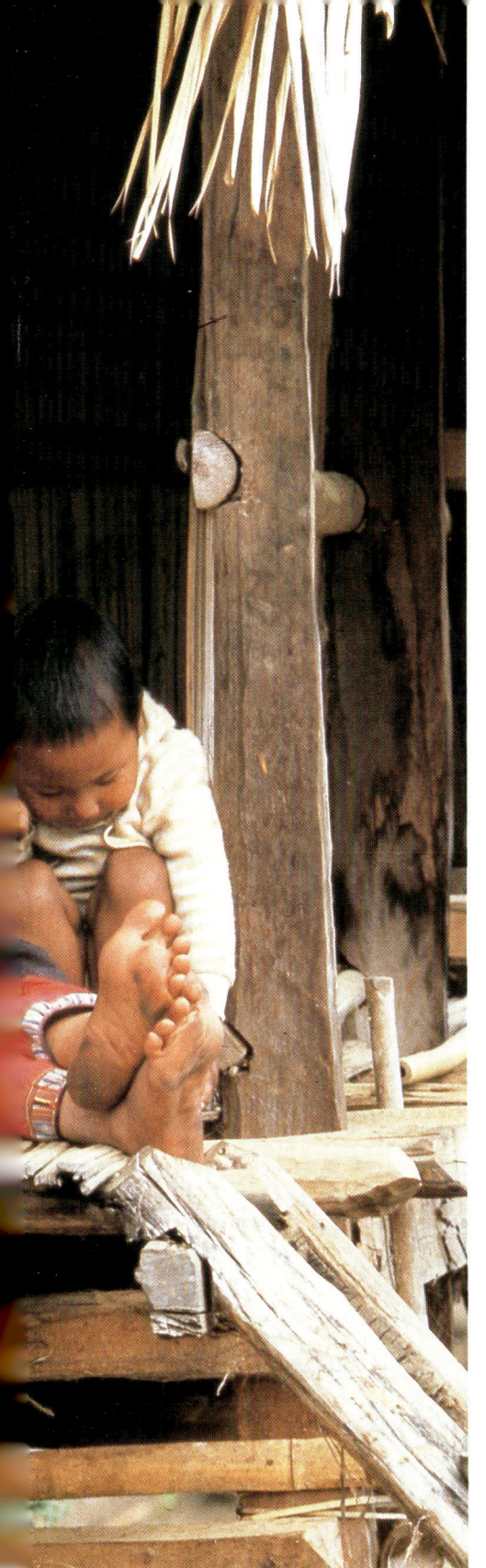

Les Karens jugent, pour leur part, ces plaisirs futiles. Les femmes y ont les affaires bien en main : l'héritage leur revient de droit et le couple de nouveaux mariés s'installe chez la belle-mère. Les mariages sont le plus souvent arrangés et tardifs. Cette ethnie est la seule où les missionnaires baptistes aient rencontré quelques succès en Thaïlande. Grands spécialistes du dressage des éléphants, les hommes karens travaillent, pour la plupart, dans les forêts de teck appartenant à l'Etat, autour de Mae Sariang. Ce peuple déraciné, estimé entre 80 et 150 000 sur le territoire thaïlandais, a deux millions de cousins birmans de l'autre côté de la frontière, constitués en Etat Fédéral depuis 1948.

A l'heure où la Thaïlande cherche à s'imposer comme le cinquième Dragon d'Asie, le particularisme des minorités devient de plus en plus difficile à gérer pour le gouvernement thaïlandais. Mettre fin à la culture du pavot sans affamer ni révolter les populations est un exercice délicat.

Ci-dessus : Le contrôle des naissances n'a pas encore droit de cité chez les minorités montagnardes. Les enfants sont toujours accueillis dans la joie et ils deviennent très vite autonomes, pris en charge par leurs aînés.

Ci-contre : Cette grand-mère yao a eu la chance de trouver des lunettes pour effectuer ses travaux de couture. Les broderies yaos, faites de minuscules points de croix, sont d'une grande délicatesse.

Les parures de fête des femmes yao font l'objet d'une extrême sophistication. Tous les bijoux sont en argent massif et les colliers se portent aussi de dos, quand le devant est déjà décoré.

A droite : Cette jeune fille akha porte une coiffure de cérémonie. Le bonnet est un attribut de la féminité essentiel chez les Akhas. Porté par toutes les petites filles, il est surmonté d'une coiffe conique chez la femme mariée. Selon la richesse de la famille, on le décore de bijoux d'argent, de perles ou de fourrure de singe.

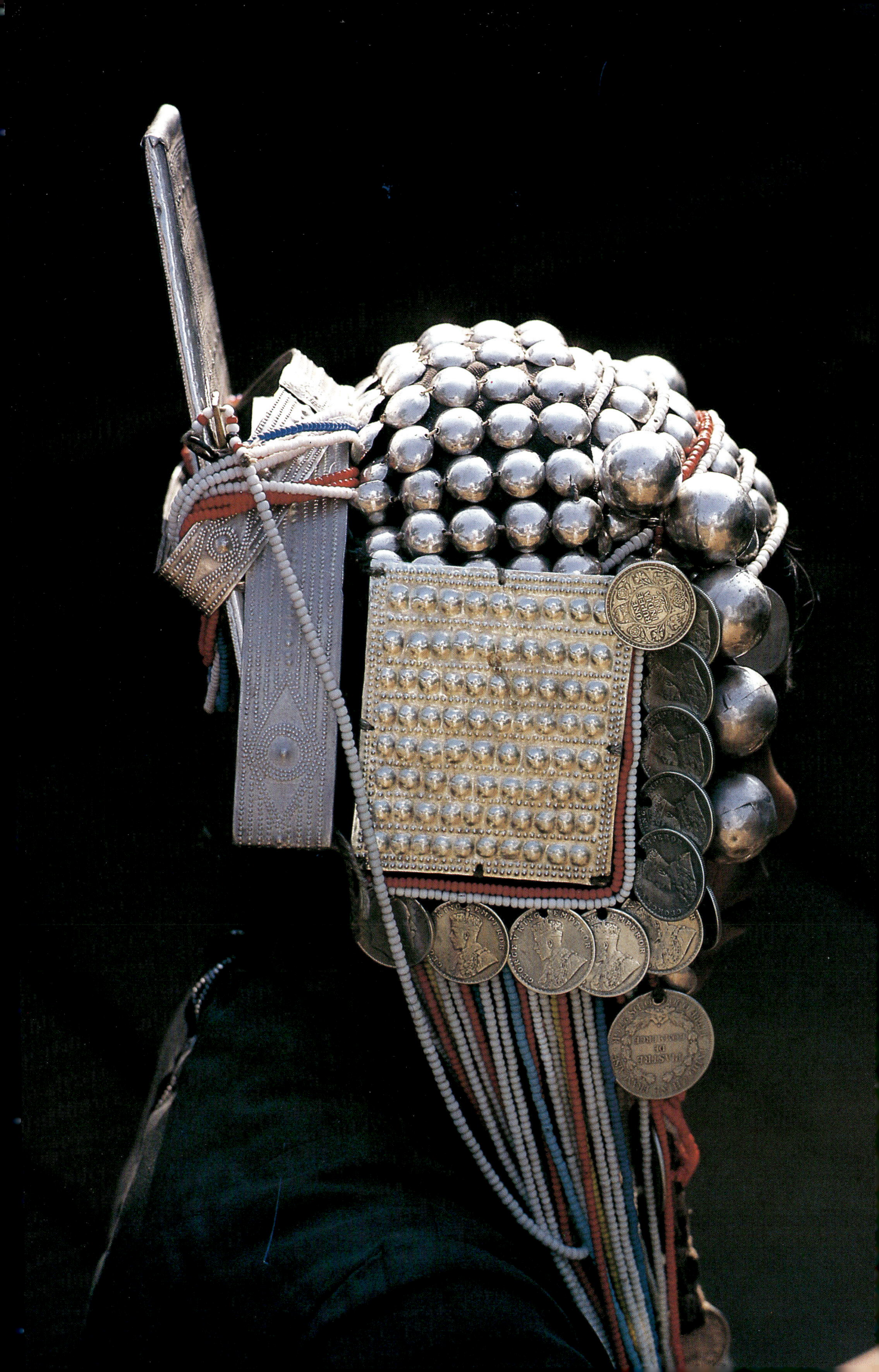

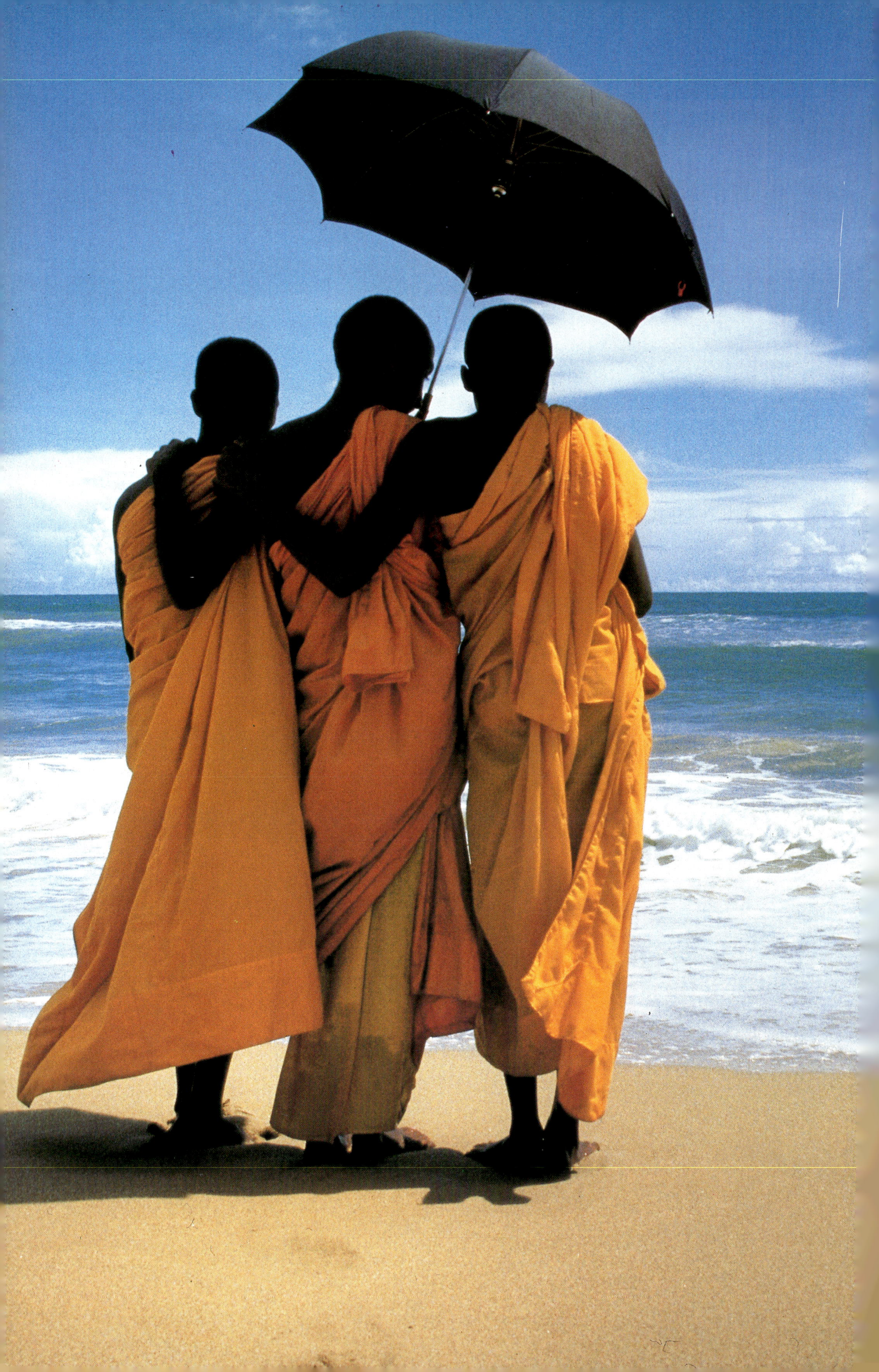

Rêves de sable

*R*epos et noix de coco : la plage est au bout de la route. À l'est, la mer de Chine lovée au creux du golfe du Siam, à l'ouest, la mer d'Andaman, enfant comblé de l'océan indien. Avec 2 613 km de côtes, la Thaïlande a des plages à revendre et c'est comme si c'était fait. Pattaya sonne comme Acapulco dans les rêves de sable de l'occident transi. Une clientèle cosmopolite s'y étourdit de luxe et de volupté. Parachute ascensionnel, scooter marin, planche à voile, golfe le jour ; dîners fins, discos à gogo, bars hantés de créatures de rêve, plaisirs inédits la nuit. Pour le petit village de pêcheurs, circulez : il n'y a plus rien à voir.

Un petit effort pour quitter son cocon climatisé, cap sur le sud, en route pour le paradis ! La Thaïlande péninsulaire, qui s'étire jusqu'à la Malaise, a l'exotisme flamboyant : longues plages de sable blanc frangées de cocotiers, côtes éclatées en gracieux îlots baignés d'eaux cristallines, baies spectaculaires hérissées de pitons calcaires, cascades, parcs naturels où s'épanouissent bambous géants et orchidées rares... Voilà pour le décor.

Rien de moins monotone que de faire la tournée des plages. Elle commence à Cha-Am, agréable diversion, le temps d'un week-end, à la frénésie de Bangkok qui n'est qu'à 170 km. A peine plus loin, Hua Hin dont la mode fut lancée dans les années vingt par le roi Rama VII, a toujours les faveurs de la cour. Rien à voir avec la sophistication de Pattaya. Ici, ce sont sérénité, beauté, simplicité. En continuant toujours plein sud, Prachuab Kirikhan offre des plaisirs encore plus prisés : la solitude, dernier cri du luxe, dans un bungalow rustique planté face à la mer.

Le ton est donné : en dehors des grandes zones balnéaires, les plages du sud restent le domaine des pêcheurs, des vendeurs de nids d'hirondelles, des dragueurs d'étain sous-marin, des cueilleurs de noix de coco, des éleveurs de tortues de mer et d'huîtres perlières...

Mais comme le cycle du riz, celui du poisson est implacable pour l'homme, esclave des courants, des saisons, des tempêtes. On pêche en haute mer, dans la douceur de la nuit, rapportant avec l'aube des poissons scintillants qui partiront, sous la glace, nourrir les citadins.

Ci-contre : Ces trois bonzes, fraternellement enlacés, résistent à la tentation de la baignade sur l'une des innombrables plages du Sud de la Thaïlande.

En haut, à droite : Ce pêcheur négocie son arrivée sur le rivage de Koh Samui, une île paradisiaque du golfe du Siam, fréquentée par les amateurs de plages à cocotiers.

Des mosquées dans les cocotiers

Les mirages appartiennent au désert. Cette mosquée qui surgit inopinément d'une végétation luxuriante n'en est pas un. La progression vers le sud dévoile, peu à peu, sa vraie nature : la Thaïlande se dilue imperceptiblement dans le monde malais, troquant Bouddhisme contre Islam, pagodes contre mosquées.

Importée au XVe siècle par des commerçants et des marabouts venus du Moyent-Orient, la graine d'Islam a donné une fleur nouvelle, exotique, qui s'est épanouie en liberté. Loin des censeurs du désert, elle a poussé sans entraves, laissant à la femme le droit de paraître et, même, de jouer de son charme.

On compte environ 800 000 Thaïs Islam (musulmans de Thaïlande), de rite sunnite, concentrés à 85% dans les provinces de Yala, Narathiwat, Pattani, Trang, Krabi et Songkhla. Bien que de nationalité Thaïlandaise, ils persistent à regarder vers le sud, prolongement naturel de leur environnement quotidien. Ici, Radio-Kuala Lumpur passe mieux que Radio-Bangkok. Tolérants par tempérament, les Thaïs n'ont jamais cherché à convertir ni à exclure les Musulmans installés dans le royaume. Le roi s'est même fait construire un palais à Narathiwat pour rappeler discrètement le devoir d'unité nationale.

De fait, c'est bien le phare de l'Islam qui, toujours virougeux, règne sur la péninsule. Coiffés du turban ou de la toque de velours, les orang baïk (sages) font respecter la version tropicale de la règle : prières, jeûnes, lectures du Coran, fêtes musulmanes. On se marie devant l'Imam et les gamins, dûment circoncis, vont parfaire leur science sur les bancs de l'école coranique. A leur naissance, ils ont reçu le nom d'un des vingt-cinq prophètes de Mahomet. Ils rêvent d'accomplir le pélerinage à la Mecque, consécration pour tout bon musulman.

Ci-dessus : Dans la baie de Pang Nga, le village sur pilotis de Koh Pannyi abrite une communauté musulmane. Sa population vit désormais du tourisme, après avoir abandonné la fabrication de la pâte à poisson.

En haut à gauche et ci-contre : La fréquentation de la mosquée et l'étude du Coran font partie des devoirs de la population musulmane du Sud de la Thaïlande.

La vie s'organise dans le kampong (village malais) autour de trois activités principales : la pêche, la riziculture et le travail dans les plantations d'hévéas. Le soir venu, au retour des prahu kolek (appellation malaise des barques de pêche), c'est souvent le Chinois qui vient rafler le poisson avec sa camionnette pour le vendre à la ville. Les saisonniers, employés dans les grandes plantations d'hévéas, descendent des song téo (camionnettes-taxi), indifférents aux cours mondiaux du caoutchouc qui scellent leur destin. Seuls les plus anciens évoquent avec nostalgie ces soirées animées par le dalang, magicien du théâtre d'ombres, rangé au magasin des accessoires par la plus grande révolution qui ait jamais soufflé sur les kampongs : l'arrivée de la télévision.

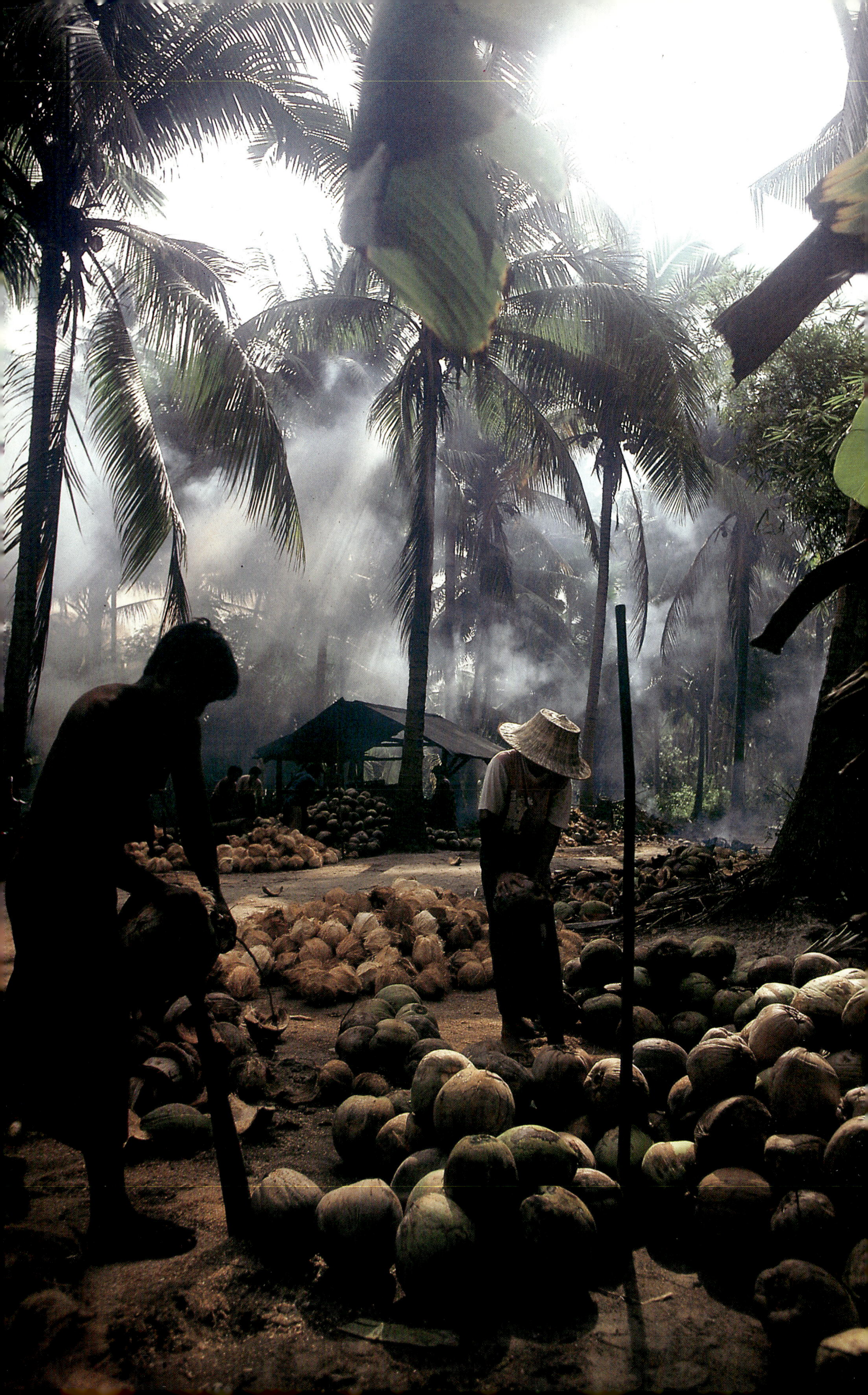

Ci-contre : La récolte des noix de coco est l'activité principale de l'île de Samui. La pulpe est utilisée dans la cuisine et l'industrie des cosmétiques, le tronc dans la construction, les palmes dans la fabrication des toits et des nattes.

A droite : Ce petit singe porte un grelot autour du cou pour signaler sa position à son dresseur. Les singes sautent d'un cocotier à l'autre sans redescendre à terre.

Côté stress, les cueilleurs de noix de coco se sont mieux débrouillés : ils ont dressé les singes pour le faire à leur place. L'île de Samui est le fin du fin pour décrocher son diplôme de l'Ecole des Singes. Elle fait partie d'un archipel de 80 îles et îlots situés en mer de Chine, en face de Surat Thani (677 km de Bangkok). Avant d'être le dernier paradis où l'on bronze, c'est le premier pourvoyeur de noix de coco du royaume. A l'Ecole des Singes, on apprend à grimper sur le cocotier le plus élevé, à sélectionner les fruits mûrs et à jeter les noix à terre sans assommer les passants (en période de cueillette, un petit coup d'œil en l'air ne coûte rien...). Un grand bravo aux singes de Samui qui envoient 2 millions de noix de coco par mois à Bangkok !

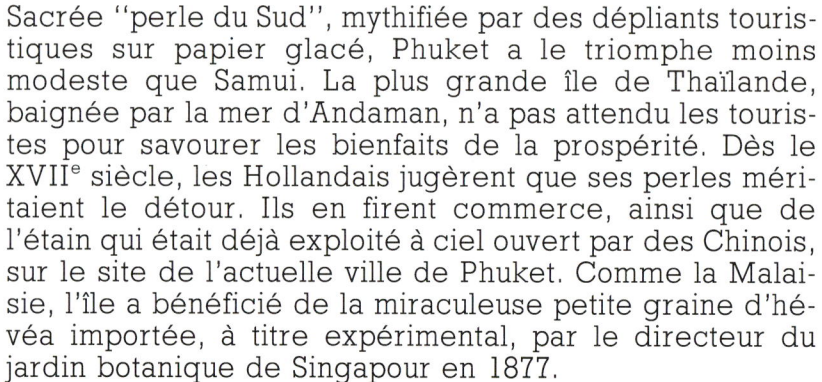

Sacrée "perle du Sud", mythifiée par des dépliants touristiques sur papier glacé, Phuket a le triomphe moins modeste que Samui. La plus grande île de Thaïlande, baignée par la mer d'Andaman, n'a pas attendu les touristes pour savourer les bienfaits de la prospérité. Dès le XVIIe siècle, les Hollandais jugèrent que ses perles méritaient le détour. Ils en firent commerce, ainsi que de l'étain qui était déjà exploité à ciel ouvert par des Chinois, sur le site de l'actuelle ville de Phuket. Comme la Malaisie, l'île a bénéficié de la miraculeuse petite graine d'hévéa importée, à titre expérimental, par le directeur du jardin botanique de Singapour en 1877.

Entre Phuket-la-douce et Phuket-la-sauvage, le contraste est déconcertant. D'un côté les cocoteraies, les rizières scintillantes, les îlots ancrés sur une mer étale, les eaux transparentes peuplées de poissons multicolores, les forêts d'hévéas fraîches comme des cathédrales ; de l'autre l'univers glauque des marais tissé de lianes inquiétantes, le labyrinthe de la mangrove, les pitons calcaires aux formes étranges... Pour jeter l'ancre, on a l'embarras du choix : les meilleurs hôtels internationaux ou un bungalow à toit de palme.

Avec ses grandes plages de sable blanc, ses criques innombrables, sa végétation tropicale, Phuket fait un malheur chez les amateurs de paradis exotiques. La gaieté et la gentillesse de sa population ajoutent encore à son charme.

Double page suivante : Ce rocher de la baie de Pang Nga doit sa célébrité à un épisode de ''L'homme au pistolet d'or'' qui fut tourné sur place avec l'invincible 007. On l'appelle depuis ''l'île de James Bond''.

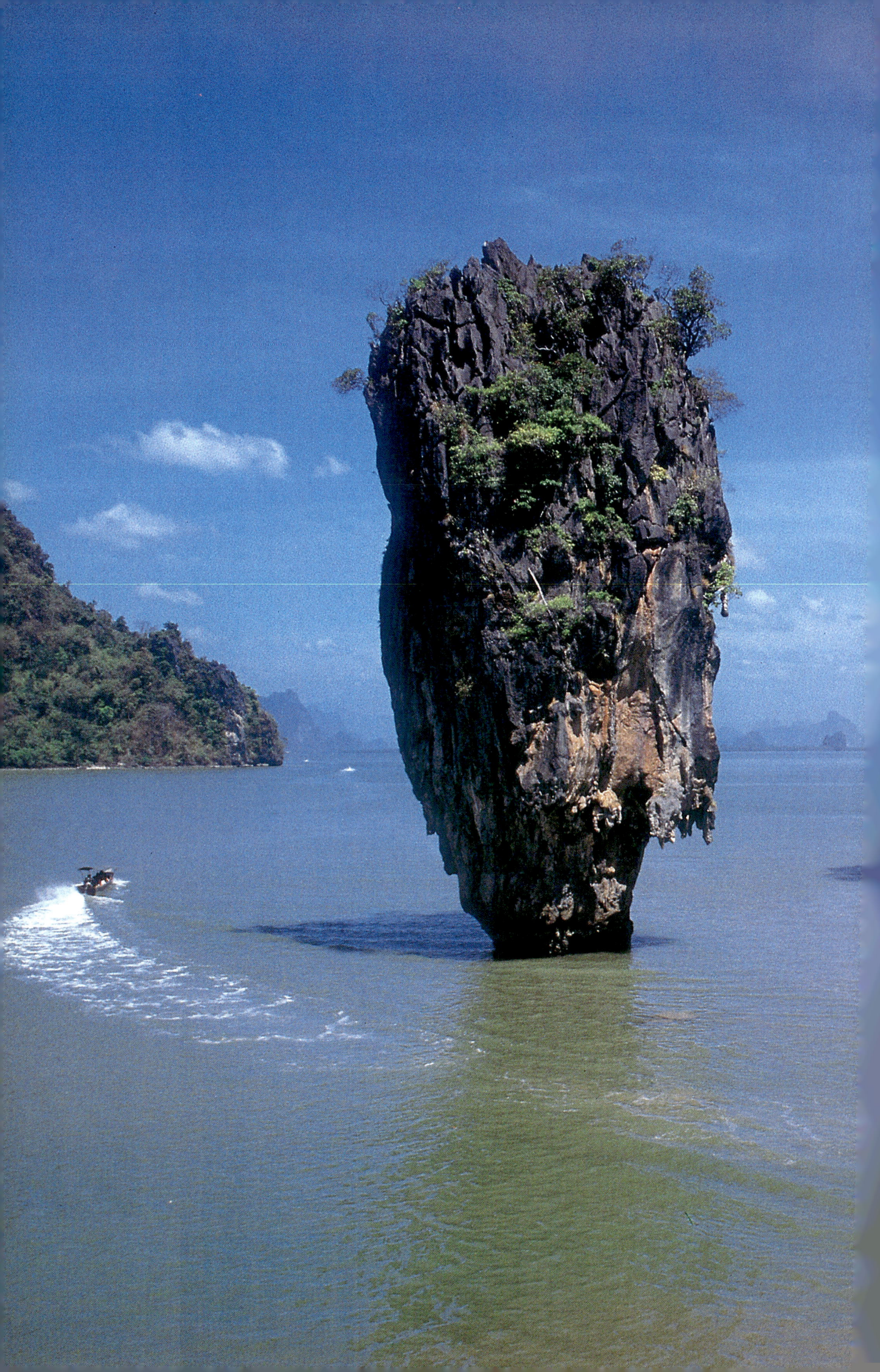

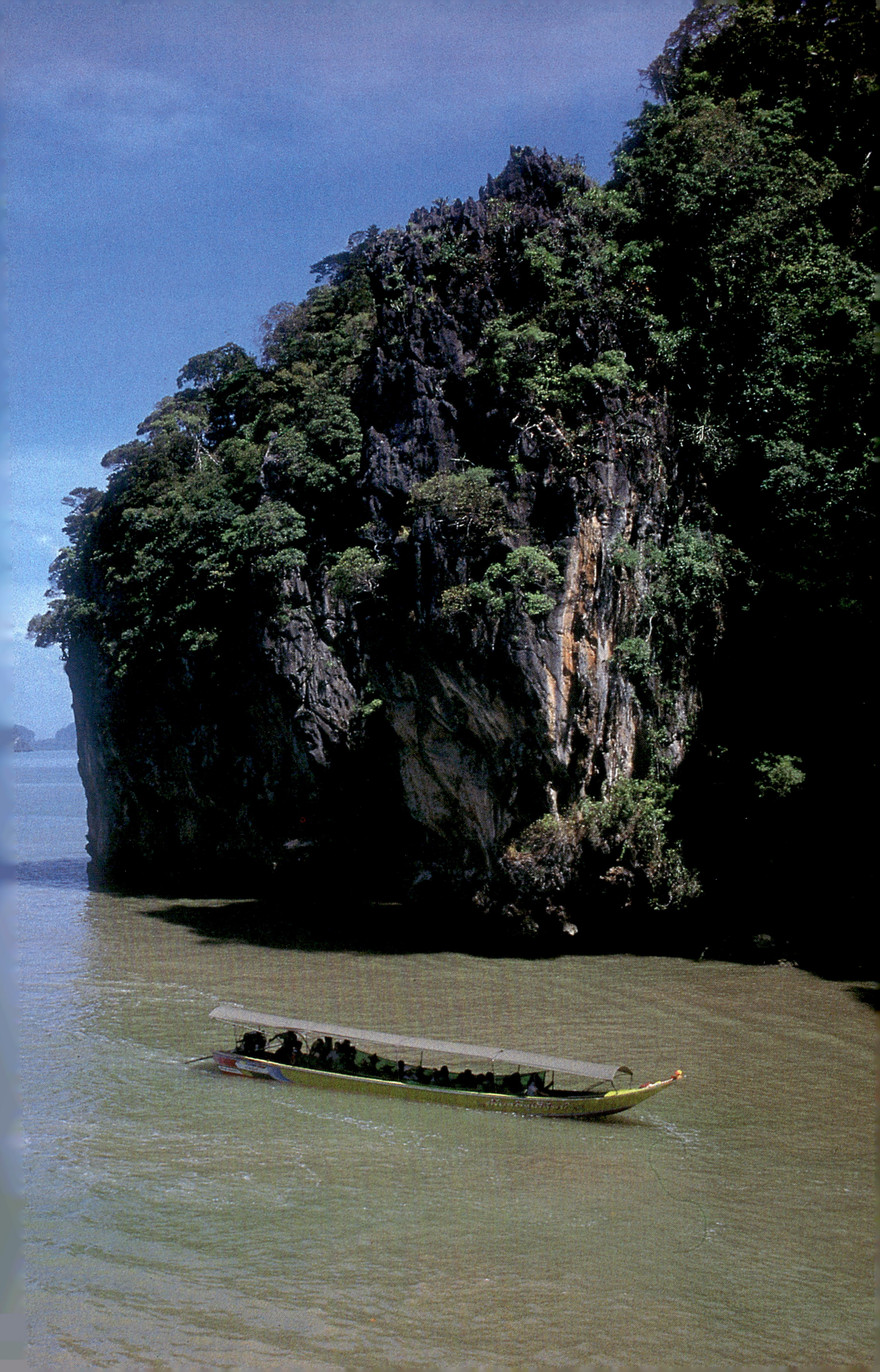

La passion des coqs

*L*a fièvre monte dans l'arène. "Āo ! ao ! ao !" : ce sont les clameurs de la passion du jeu. Les mêmes que dans les matches de boxe ou les combats de serpent contre mangouste. En Asie, le jeu appelle l'enjeu. L'île de Samui reste un haut-lieu des combats de coqs en Thaïlande. L'affaire est sérieuse : on peut s'y refaire ou perdre sa chemise. Et le prix d'un champion peut atteindre 100 000 bahts (près de 3 fois le salaire annuel d'un instituteur !).

La vie d'un jeune coq est une vie de... coq en pâte : nourri de mets délicats et fortifiants (céréales vitaminées, gâteaux de riz, termites, criquets, œufs de fourmis), massé, enduit d'une décoction à base de racine de safran, baigné plusieurs fois par jour pour faire baisser la température (qui tourne autour de 43°C), le coq est un seigneur chez lui.

Durant les combats, chaque coq a son "médecin", prêt à intervenir. Il faut tenir la distance, car un combat comporte dix rounds de 15 mn chacun, avec 10 mn de pause entre les rounds. La mort d'un des combattants n'est pas inéluctable, bien que les ergots soient encore taillés dans le Sud. Mais au fond, chacun sait que les forces magiques ont toujours le dernier mot.

Ces villageois de Koh Samui présentent leurs champions en vue d'un prochain combat. Le public est exclusivement masculin. Les combats de coqs sont pris très au sérieux, les enjeux pouvant atteindre des niveaux considérables.

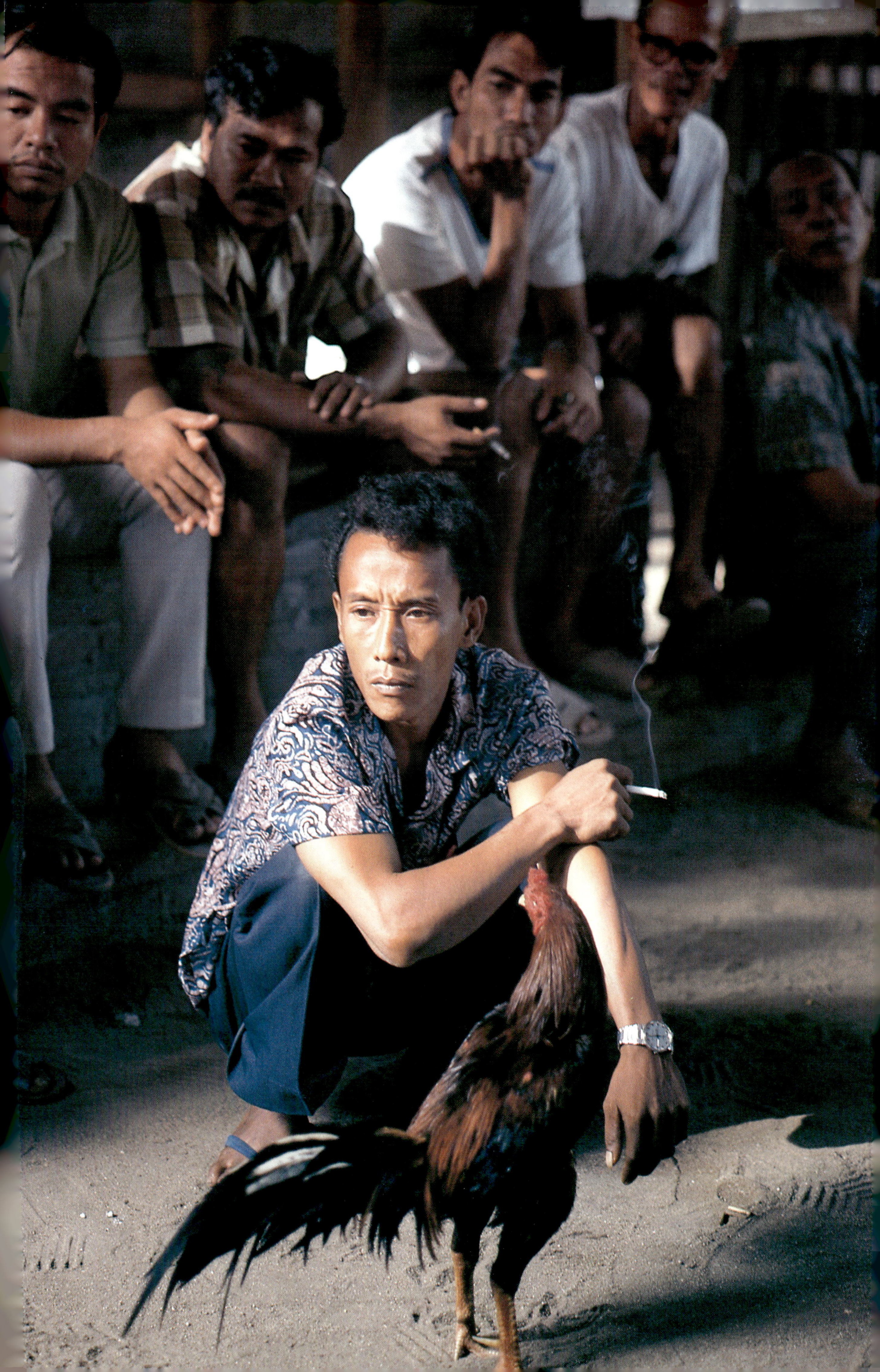

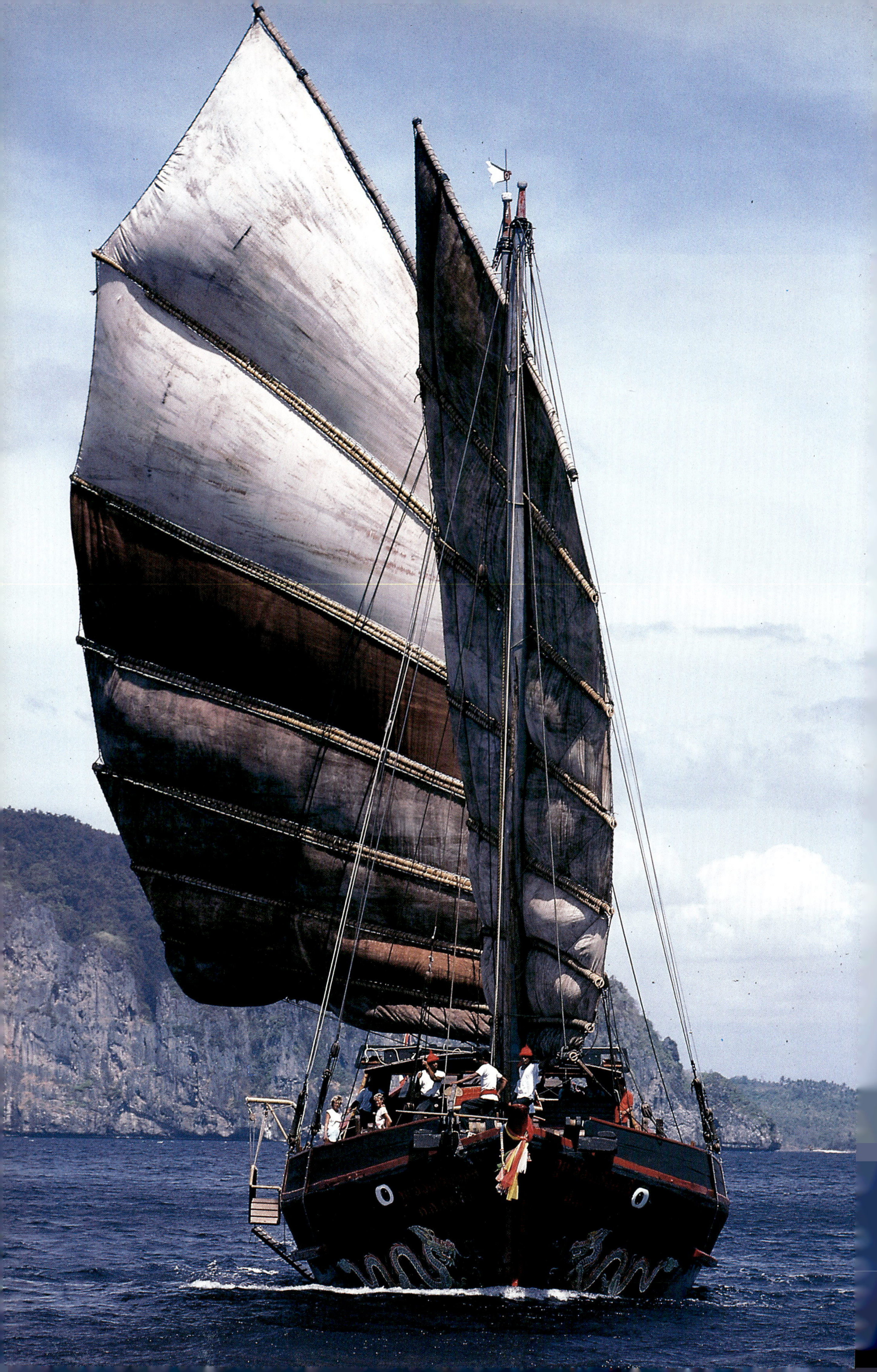

Ci-contre : Les grandes jonques à voiles sont de plus en plus rares en mer de Chine. Certaines ont été retapées pour offrir des croisières exotiques aux touristes.

Ci-dessus : La baie de Pang Nga, hérissée de centaines de pitons calcaires, est un des paysages les plus spectaculaires de Thaïlande. On la compare à la baie d'Halong.

Une fois fatigué de changer de plage comme on change de paréo, un peu de tourisme s'impose. La baie de Pang Nga, avec ses centaines d'îlots rocheux aux formes fantastiques se visite en pirogue à moteur. On contemple avec ferveur ''l'île de James Bond'' (où fut tourné un épisode de ''l'homme au pistolet d'or''), avant de se réconforter d'une fricassée de crabe, parfumée au piment et à la citronnelle, sur les planches disjointes du village de Koh Pannyi, à l'ombre de sa mosquée.

Plus au sud, Koh Phi Phi, une île sertie de coraux au large de Krabi, a dû passer un pacte avec les hirondelles de mer. Elle recèle une grotte immense où l'on recueille les fameux nids qui sont à la cuisine asiatique ce qu'est le caviar aux menus de chez nous. Indifférents au vertige, les insulaires escaladent des bambous pour attraper les nids perchés à plus de 15 m de hauteur. Le jeu vaut sans doute la chandelle, car si l'on en croit Paul Morand, c'est encore plus fameux que le Baume du Tigre : ''Aussi saturé d'iode qu'un varech, de sel qu'une vague, de phosphore qu'un poisson, ce fruit du lent travail des hirondelles redonne des forces au débauché''.

Mais Koh Phi Phi, offre aussi l'architecture naturelle la plus éblouissante, échancrée de plages blondes qui s'évanouissent dans une eau bleu pâle, miracle précaire et trop parfait pour nouveaux Robin Crusöe.

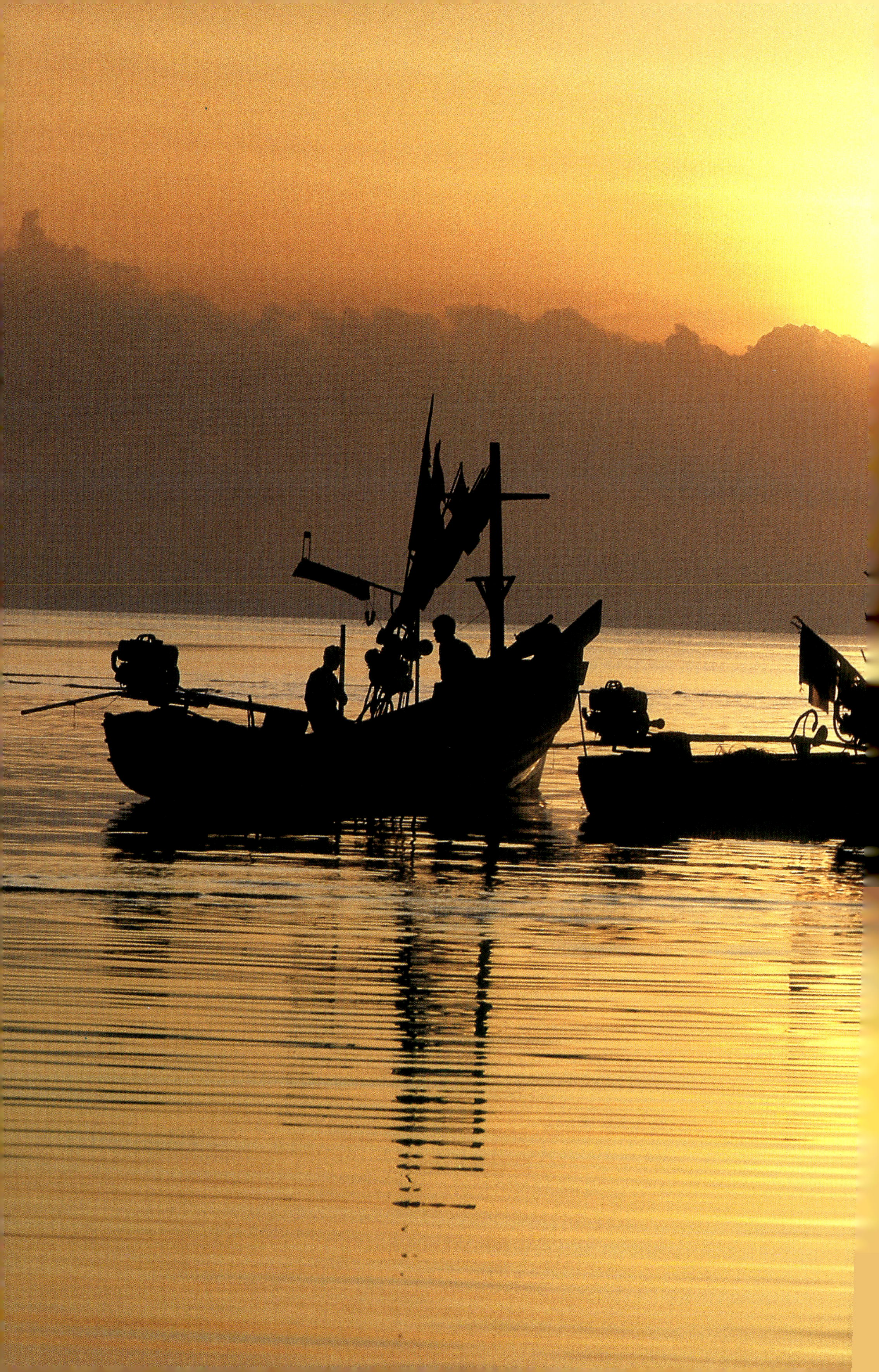

Ce petit garçon libère un oiseau pour acquérir des mérites dans sa vie future. Des oiseaux en cage sont vendus autour des temples.

Patrick de Wilde utilise le matériel Nikon et les films Kodak.

Nous remercions l'Office National du Tourisme de Thaïlande
pour l'aide qu'il a bien voulu nous apporter.